蒙特梭利兒童教育手冊

DR. MONTESSORI'S OWN HANDBOOK

自由×寫作×算術×道德，
感官啟蒙與語言學習，
蒙氏教具的全面應用

瑪麗亞・蒙特梭利 Maria Montessori 著
榮文婷 譯

樂律

創造自由環境，尊重兒童需求！
讓孩子在自發學習中塑造健全人格

感官訓練 × 專業教具，在遊戲中提升觀察力與協調能力
提供孩子自由探索空間，促進運動、語言與感官的全面成長

目錄

序言		005
第一章	總述	009
第二章	兒童之家	017
第三章	「兒童之家」的教育方法	027
第四章	運動神經訓練	031
第五章	感官訓練	043
第六章	語言及對世界的認知	093
第七章	自由	101
第八章	書寫	107
第九章	識記樂譜	127
第十章	算術	135
第十一章	道德因素的培養	149

目錄

序言

序言

如果說序言是一本書的精髓，那麼我並不想用華麗的辭藻，而是選擇用幾個典型的人物來描述這本即將走入千家萬戶，伴隨孩子們成長的兒童教育手冊。所以，在這裡，我想用以說明的典型人物是海倫‧凱勒（Helen Adams Keller）和安妮‧蘇利文（Anne Sullivan Macy）夫人 —— 她們不僅僅對我自己，甚至對整個世界來說，都是教育的奇蹟。

海倫‧凱勒是一個極好的實例，她用事實證明，感知教育可以釋放被囚禁的心靈。這一教育主張也為這本書的教育方法奠定了基礎。

如果說感知教育成就了海倫‧凱勒這位傑出的作家，那麼還有誰比她更能證明這種基於感知的教學方法的強大潛力呢？如果說海倫‧凱勒透過她與生俱來的天賦獲得了崇高的世界觀，那麼還有誰比她更能證明，在人類的內心深處存在一種精神力量，隨時等待著被開採呢？

是孩子！

海倫，用心緊緊地擁抱這些孩子吧。因為他們是最懂你的人。

他們是你的跟隨者。當他們蒙上眼睛，在寂靜中用他們的小手去觸摸這個世界的時候，他們與你一樣。一種深刻的感受出現在他們的意識裡，他們歡呼著、感嘆著這種奇妙的

愉悅 —— 他們用他們的手看到了世界！

　　只有他們可以體會到你體會過的神祕的、富有戲劇性的體驗。當他們安靜地處於黑暗之中時，他們自由的精神在肆意地蔓延，他們思考的能量在成倍地繁衍。他們依靠直覺，無須刻意學習，便可以掌握讀寫。只有這些孩子，可以理解你在這種具有啟發性的學習中感受到的驚喜。

瑪麗亞・蒙特梭利（Maria Montessori）

序言

第一章　總述

第一章　總述

近年來,孩子們的生活品質明顯提升。很多國家,特別是英國的一些資料顯示,嬰兒的死亡率在不斷下降。

伴隨著嬰兒死亡率的下降,孩子們的體能也有所提升,他們更加健康、更加充滿朝氣。這是因為科學的發展和普及為我們的生活帶來了極大的改善。

媽媽們逐漸學會了遵循現代衛生學的方法來撫養和照顧她們的孩子。很多新的社會機構也如雨後春筍般不斷地湧現,它們的宗旨就是為這些成長中的孩子提供幫助和保護。

如此一來,一群新新人類即將誕生,他們發育得更好,擁有更健康的體魄,抵禦潛在疾病的能力也更強。

科學是怎樣產生這些影響的呢?

科學為我們提供了一些非常簡單的法則,我們能利用這些法則盡可能保證孩子們的基本生活條件,並且這些富有引導性的法則也能為孩子們的身體規律地成長提供指引。例如:科學告訴我們,要盡量為孩子們提供母乳餵養;不要把嬰兒裹得太緊,要勤幫孩子們洗澡;保證孩子們有充分的戶外活動,讓他們多運動;盡量讓孩子們穿簡單的短衣服,在安靜的環境裡,保證他們擁有充足的睡眠。

科學法則還提倡要根據孩子們的生理需求來合理地安排其食物攝取量,滿足孩子們生理上的需求。

即使如此，科學仍然沒有徹底改變人們的生活。媽媽們還是按部就班地照顧他們的孩子，孩子們也像以往一樣吃喝生活。

問題的關鍵是，在日復一日的生活中，人們的行為習慣如果一直是無序且盲目的，就可能會導致疾病和死亡，而有序且合理的行為習慣則會為生命注入能量。

然而，科學發展所獲得的極大進步也會讓我們誤以為，我們已經滿足了孩子們所需的一切。

我們還需要仔細地思量一個問題：我們的孩子，難道僅僅是一個在我們眼前的、在我們的細心呵護下成長起來的、越來越強壯的小小的軀體嗎？難道他們的命運會滿足於只擁有這樣一個美麗的皮囊嗎？

如果是這樣，那麼他們與那些為我們提供鮮美的肉類和為我們負重勞動的牲畜還有什麼分別？

顯然，人類的命運不只如此，所以，家長照顧孩子們的範疇需要比只保障孩子們的身體健康更廣泛。

僅為孩子們洗澡、推著孩子們去公園的母親並沒有完成人類母親的使命。就如母雞也可以把小雞們聚攏在一起玩耍，貓媽媽舔舐小貓為牠洗澡一樣，這些動物對寶寶的細心照顧，與人類母親只關照孩子們的身體健康沒有任何分別。

第一章　總述

　　所以，如果人類母親把對孩子們的照料局限在這樣的範疇，那麼這將是對她內心崇高意願的一種抑制和扼殺，因為她是一位人類母親。

　　孩子們的成長不僅僅是身體的長大，更多的是精神上的成長。母親們渴望陪伴孩子們一起經歷這段神祕的精神成長之旅，看著他們逐漸成長為一個充滿智慧的、成熟的人。

　　科學不會停止發展的腳步，但目前為止，科學僅僅只是走出了發展道路上的第一步，僅停留在滿足人的身體健康的這一階段，它必須持續地向前發展。

　　正面地看，科學其實拯救了很多孩子的生命，並且提高了孩子們的生活品質。將來，科學的任務是要關注孩子們的精神成長，因為這才是人類的本質。科學將繼續以同樣積極的態度引導人類的心智、人格和那些深埋在人類精神胚胎中的潛在創造力的發展。

　　正如要想滿足孩子生理上的成長需求，他們的身體就必須從外界汲取食物和氧氣一樣。為了滿足孩子們精神成長上的需求，孩子們的精神也需要跟隨自身的成長規律，從環境中汲取必需的養分。

　　不可否認的是，成長本身就是一項偉大的工程。骨骼變得堅硬、大腦每一個精細結構的完善、牙齒的形成、整個身

體的長高長大,這些都是生理器官的成長發展,是生殖器官的真實「工作」,也是每個人在器官發育期必然要經歷的轉變。

這裡所說的「工作」與人類那些所謂的「外部工作」,即社會生產中的人類的產出工作有所不同。產出工作可以在學校裡被教授,可以透過在社會中利用才智去創造財富和改造環境來獲得。

在人類生命中最重要的幾個生理發育時期,器官也能完成一些外部工作,有時甚至可以完成一些高難度、超過個人能力範圍的工作,但是這會讓器官負擔過重,甚至威脅人的生命安全。

人可以盡可能地迴避外部工作,比如僱用勞動力,但是人不能迴避內在的工作。每個人都必須完成自己內在的成長,這個成長伴隨人的一生,從生到死,人必須親力親為,不可逃避。而這種不可逃避的、艱辛的工作就是「兒童的工作」。

當我們跟孩子們說「你應該休息」,我們所提出的休息僅僅是「兒童的工作」中的一方面的休息。我們是想讓他們從那些外部可見的工作中停下來,休息一下。因為對力量屢弱的孩子們來說,他們很難做出對自己或者他人有益處的貢獻來。

第一章　總述

但是，我們的主張並沒有被遵從。孩子們實際上並沒有休息，他們還在自主地完成他們內在的神祕工作。他們正在努力成為一個「人」——並不只是身體上的成人，更多的是他們必須建立起與運動密切相關的功能和神經系統，並且他們的智力也有待開發。

兒童有待建立的功能有兩類。

1. 運動神經系統功能。這種功能能夠幫助他們平衡身體、學習走路，並且使他們的肢體動作變得協調。
2. 感官功能。這種功能可以讓兒童從他們所在的外界環境中不斷地觀察、比較和判斷，並從環境中獲得認知，為他們的智力開發打下基礎。透過這種方法，他們可以逐漸地熟悉所在的環境，並且其智力能持續地得到發展。

同時，孩子們也在學習語言。他們不僅面臨著攻克發音、生詞這些與表達運動神經系統相關的難關，還面臨著恰當地理解名詞、語法結構等困難。

我們想像一下這樣一個情景：一個剛剛移民到一個新國家的人，他對這個國家的自然地貌、風土人情、社會秩序甚至是語言都一無所知。在他可以真正地在這個陌生的國度裡與陌生人打成一片之前，他必須完成大量的適應性工作。沒有人能夠替代他完成這些適應性工作。他必須依靠自己去觀

察、理解、記憶，形成自己對事物的判斷，並且他只有透過艱苦的練習及長期的經驗才能夠掌握新的語言。

對孩子們來說又何嘗不是如此呢？這些脆弱的「小移民」剛剛來到這個全然陌生的世界，他們甚至連身體、器官都沒有完全發育成熟，他們又要如何在盡可能短的時間內來適應這個複雜的世界呢？

直至今日，孩子們還沒有獲得恰當合理的幫助來完成這項艱鉅的任務。關於孩子心理的發展，我發現我們仍然停留在順其自然的時期——就如同回到那段我們對嬰兒的高死亡率束手無策的時期。

我們需要透過合理、科學的方法來幫助孩子們獲得心理成長，幫助他們完成心理上的適應工作，這與任何一種外部工作和產出工作都不同。

這正是我對嬰幼兒教育的方法提出的根本目標，所以，我在這裡闡述的一些理念與實際應用可能並不適用於所有孩子，僅僅是針對3～7歲的孩子。換句話說，這些理念只能滿足這個階段孩子的教育需求。

我的教育方法在內容和目標上都是科學的。它能幫助孩子獲得更高層次的提高，而不僅僅停留在物質和生理層面的指引上。我希望這些內容可以補充衛生學上的缺失——以往

第一章　總述

的衛生學只關切孩子身體層面的發展。

如果現在我們擁有正常兒童出現神經衰弱、語言障礙、感知和推理能力不足、個性缺失等情況的資料，那麼當我們將這些資料與具有上述情況但是經過幾年理性教育的孩子的情況進行比較時，我們會獲得一些驚人的發現。

我們極有可能發現這些資料與「當今兒童死亡率下降和身體發育提升」的資料有驚人的相似之處。

第二章　兒童之家

第二章　兒童之家

「兒童之家」是一個能提供給孩子自我發展機會的環境。

「兒童之家」沒有固定的模式，它根據可使用的資金情況和可獲得的環境條件來打造。

「兒童之家」應該是一個真正的家，那麼這個「家」就需要有花園讓孩子參與打理。如果花園裡有帶著遮擋的棚子就更好了，這樣孩子可以在棚子裡玩耍甚至睡覺。他們甚至可以把他們的桌子搬到外面吃飯或者工作。他們可以幾乎全天都在露天的環境中生活，同時還可以免受日曬雨淋。

在「兒童之家」，最主要的房間是進行「智力工作」的場所，這也是唯一可以由孩子們自行支配的場所。這個場所應位於房子的中央。如果場所允許，這個中央的房間最好連通幾個小的房間，作為孩子們的洗澡間、小餐廳、小客廳、公共休息室、手工活動間、健身室和洗手間。

房子裡的設備是為孩子們設計的，而不是為成年人設計的。這些設施不僅應該包括用於孩子智力發展的教具，還應該包括一個「小」家庭所需的全部家具。這些家具要輕便，這樣可以方便孩子們移動。家具還需要被噴塗上淺色，這樣能方便孩子們用肥皂和水進行清洗。要準備不同尺寸、形狀的桌子——正方形的、長方形的、圓形的、大的、小的矮桌子。長方形的桌子最適合兩個和兩個以上的孩子在上面一起

工作和學習。椅子也最好是木頭做的，適合孩子們身材的。同時還可以準備一些小的扶手椅和沙發。

在「兒童之家」還需要兩個必不可少的家具，一個是非常長的儲物櫃。這個儲物櫃要非常矮，這樣孩子們可以將他們的小物品，比如墊子、花等擺放在櫃子上面。櫃子的裡面是存放教具的地方，可供所有孩子使用。（見圖1）

另一個家具是帶有兩、三排抽屜的五斗櫃，每個抽屜都有顏色鮮明的把手（或者說把手的顏色與抽屜的顏色有明顯的區分度），抽屜上黏著帶有孩子名字的卡片。每個孩子都有自己的抽屜，可以把屬於自己的東西放在裡面。

要在房間內牆壁的低一些的位置安裝上黑板，這樣孩子們可以在上面寫、畫，或者貼上一些他們喜歡的、可以愉悅身心的圖片。這些圖片應該是可以定期更換的，圖片內容可以是孩子們、家庭、風景、鮮花、水果，也可以是《聖經》裡的故事，甚至是歷史事件。觀賞性的植物和花朵應該一直放在孩子們工作的房間裡。

第二章　兒童之家

圖 1　裝滿教具的儲物櫃

工作室的另一部分放上各種顏色的小地毯，如紅色的、藍色的、粉色的、綠色的或者棕色的。孩子們將這些地毯鋪在地上，坐在上面，用教具完成工作。這種房間要比一般的教室大，不僅是因為擺放小桌子和分開的小椅子需要更多的空間，更多的是因為要為孩子們留出更大的空間來自由地擺放地毯，讓其坐在上面工作。

在小客廳或者稱作娛樂室的房間裡，孩子們可以進行聊天、玩遊戲、欣賞音樂等娛樂活動。

這裡的家具最好是有品味的。房間裡可以隨處擺放一些不同尺寸的桌子、小沙發、小扶手椅。牆上可以懸掛不同尺

寸的托架，放置一些小的塑像、藝術花瓶或者帶有相框的照片來作為裝飾。

最重要的是，每個孩子都應該有一個小的花盆，他們可以種一些適合在室內生長的植物，在植物生長的過程中，他們可以學習如何照料植物。

在客廳的桌子上，應該放置大的帶有彩色圖片的相簿和幾個可以培養孩子耐心的遊戲道具，或者各式各樣的幾何立體組物品，可以讓孩子們愉悅地組合形狀。

最好可以擺放一個樂器，譬如鋼琴。如有條件，可以為孩子們設計一個小尺寸的豎琴，這會替孩子們帶來不同的愉悅感受。

這些設施構成了小客廳的全部布置。在這裡，老師有時會為孩子們講述有趣的故事，這會吸引孩子們圍坐一團，成為饒有興致的聽眾。

飯廳的家具，除了桌子，還需要一些低矮的餐邊櫃，以便孩子們能夠自行取用餐具杯盤、勺子、刀叉、桌布和餐巾。餐具應該是陶瓷做的，飲料杯和水杯應該是玻璃做的。餐具中應該包括餐刀。

「兒童之家」還應該為孩子們設計一個更衣室。在更衣室裡，孩子們有自己的儲物櫃或者儲物架。在更衣室的中間，

第二章　兒童之家

可以放置一個非常簡單的洗手臺——它由桌子構成，上面放一個小盆、一塊小香皂和一把指甲刀。靠牆的一側安裝一個自來水龍頭和水槽，孩子們可以在這裡接水、倒水。

「兒童之家」裡的設備是不對孩子們設限的，一切設備都允許孩子們使用且可以讓他們自己去操作完成。

孩子們要打掃房間，擦去家具上的灰塵，將銅器擦亮，清潔並擺放好桌子，清掃小地毯並把它們捲起來收好，甚至要洗一些小衣服、煮雞蛋。在他們的洗手間裡，孩子們要知道如何把自己梳洗打扮乾淨。他們可以把衣服掛在小掛鉤上，小掛鉤的位置設計要低一些，這樣孩子們都可以把自己的衣服掛好。或者，他們可以將衣服（比如小圍裙）疊起來收好，他們需要小心翼翼地將它們放在存放各類家用亞麻布的儲物櫃裡。

如今，玩具製造業已經達到了接近完美的程度，孩子們可以擁有一個完整的「娃娃屋」——完整的衣櫥可以讓孩子們替娃娃穿衣服、脫衣服，完整的櫥櫃可以讓孩子們假裝做飯。我還會為孩子們準備做得非常逼真的動物玩具。我的理念是，在現實中為孩子們準備好屬於他們的一切，讓他們成為真實場景中的演員。

身高測量儀也是「兒童之家」設施的一部分。在多次的改

進之後，這套設施已經非常實用。（見圖 2）

　　設計身高測量儀的初衷，正如它的名字一樣，是測量孩子的身高。它用一塊寬矩形的板作為底座，底座中間豎起兩個木質的標杆，標杆的頂部用一個扁平的金屬連接。每個標杆都連接著一個水平金屬杆——指示杆——可以上下移動，外面也由金屬包裹。金屬外罩和指示杆是一體的，在杆的末端固定著一個橡膠球。在另一側面，即在兩個木質標杆的後面，還有一個小的座椅，也是用木材製成的。兩個木質標杆上刻有刻度。固定著座椅的標杆上的刻度是從座椅面開始到椅子頂部結束，而另一個標杆的刻度是從底座的木板開始到標杆的頂部結束。整體高度大約有 1.5 公尺。

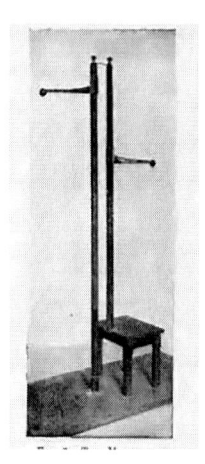

圖 2　蒙特梭利身高測量儀

第二章　兒童之家

　　有座椅的那側是用來測量孩子的座高（坐時的身長）的，另一側是用來測量孩子站立時的身高的。如果兩個孩子相互合作，這款設備可以同時測量兩個孩子的身高。

　　孩子們也可以自己操作身高測量儀，他們要脫下鞋，站在或者坐在準確的位置上。他們可以輕鬆地升高或者降低金屬指示杆，因為指示杆透過金屬外殼穩固地被固定在木質標杆上，所以即使是並不熟練的人使用，也可以讓它時刻保持水平。而且，指示杆使用起來也非常容易，只需要很小的力氣就可以移動。孩子們在操作的時候，如果頭不小心碰到金屬指示杆，那麼小橡膠球可以保護他們，讓他們遠離傷害。

　　孩子們特別喜歡身高測量儀。「我們量量身高好嗎？」這是孩子們最願意聽到的建議，也是最能吸引他們尋找夥伴一起參與進來的建議。他們都十分愛護這個身高測量儀，並經常為它打掃灰塵，擦亮金屬表面。測量儀的表面非常光亮，這讓孩子們更加愛護、珍視它。

　　身高測量儀代表了我使用的方法的科學性。因為這個方法參考了科學史上對孩子們進行的人類學和心理學方面的相關研究。應用我的方法，可以追蹤記錄每個孩子的成長發育情況。這一點，在我的其他書中有詳細的論述。

孩子們在身高測量儀上互相測量的情景已經被我拍成了影像。在影像中，即使是最小的孩子，也能自發地、有秩序地站到身高測量儀上測量身高。

第二章 兒童之家

第三章
「兒童之家」的教育方法

第三章　「兒童之家」的教育方法

　　我的教學方法遵循了孩子們生理和心理發展的自然規律，可以分為以下三個部分。
1. 運動神經訓練。
2. 感官訓練。
3. 語言訓練。

　　我對孩子們生活的照料和對周圍環境的設計安排為培養孩子們的運動神經提供了主要的途徑，而感官訓練和語言訓練可以透過使用我的教具來完成。

　　對孩子們進行感官訓練的教具主要包括：
1. 三套圓柱體插件。
2. 三套立體、不同尺寸的積木。
   ①粉紅色立方體。
   ②棕色長方體。
   ③兩種顏色的長棒，分別為綠色和紅藍相間的顏色。
3. 不同形狀的木製幾何體（稜柱體、稜錐體、球體、圓柱體、圓錐體）。
4. 表面粗糙的矩形板和表面光滑的矩形板。
5. 各種材質的布料。
6. 不同重量的小木板。
7. 兩個盒子，每個盒子裡有 64 塊不同顏色的木板。

8. 裝有幾何圖形木板的抽屜櫃。
9. 三套卡片，卡片上貼了不同的幾何圖形。
10. （一套圓柱形的密封桶（用於聲音訓練）。
11. 兩套音樂鐘，畫有五線譜的木板，用於標音符的小圓片。

用於書寫訓練與算數訓練的教具有：

1. 兩個淺凹槽木板和各種金屬幾何圖形。
2. 一套印有砂面字母的卡片。
3. 兩套字母表，背面是彩色的，並且尺寸不同。
4. 一套印有砂面數字的卡片（1、2、3等）。
5. 一套印有數字的光面紙製成的大卡片，用於計10以上的數字。
6. 兩個裝有小木棒的盒子，用於計數。
7. 適合教學方法的圖畫本和彩色鉛筆。
8. 用於練習繫鞋帶、繫扣子等的木架，可以進行手部訓練。

第三章　「兒童之家」的教育方法

第四章　運動神經訓練

第四章　運動神經訓練

　　運動神經的訓練過程非常複雜，因為它必須與孩子們生理機能建立的所有協調性運動相符合。孩子們如果缺少指導，就很容易出現運動行為混亂。

　　在大人們看來，無目的的行為是孩子們的特徵，他們常常動個不停、亂碰亂摸。這些孩子的行為通常被大人們稱為「沒禮貌」、「調皮」。

　　大人們一般會透過不斷地喝止「別亂動」來制止孩子們的此類行為。而實際上，這些孩子正在透過這些看起來毫無章法的行為不斷地組織和協調自身的運動，探索如何將這些毫無章法的行為調整為有意義的真正的運動。

　　我們無須制止孩子們的這些無序行為，而且必須停止這些無用的制止。我們更應該對孩子們提供「指示」，引導孩子們的行為向著他們真正渴望努力發展的方向前進。

　　這個年齡階段的孩子們，肌肉訓練要達到目標。

　　當我們給予孩子方向，孩子有了明確的目標，他的行為便會朝著這個目標前進。他開始變得安靜和滿足，成了一個真正的實做者，做肌肉訓練時他會平靜且充滿愉悅。這種運動神經的訓練也是讓「兒童之家」的孩子看起來「訓練有素」的主要因素之一。我在其他書中對此主題有過詳細的論述。

　　肌肉訓練包含以下方面。

1. 基本的日常行為 —— 走路、起立、坐下、手工操作等
2. 照顧自己
3. 家務勞動
4. 園藝勞動
5. 手工勞作
6. 體育訓練
7. 韻律活動

　　學習照顧自己的第一步是學會穿、脫衣服。為此，我專門設計了一些框架板來幫助孩子進行這方面的訓練。（見圖3）在框架板上縫上布料、皮革等不同材料。這些教具可以訓練孩子們扣扣子、掛掛鉤、繫帶子等。實際上，這個框架板集合了我們人類進入文明社會後所發明的、用來固定衣服和鞋子的所有方法。

　　老師坐在孩子們的旁邊，進行必要的動作指導。老師需要非常緩慢地做手指動作，並且要刻意把這些動作拆分為若干部分，這樣可以讓孩子們觀察得更加清楚、仔細。

第四章　運動神經訓練

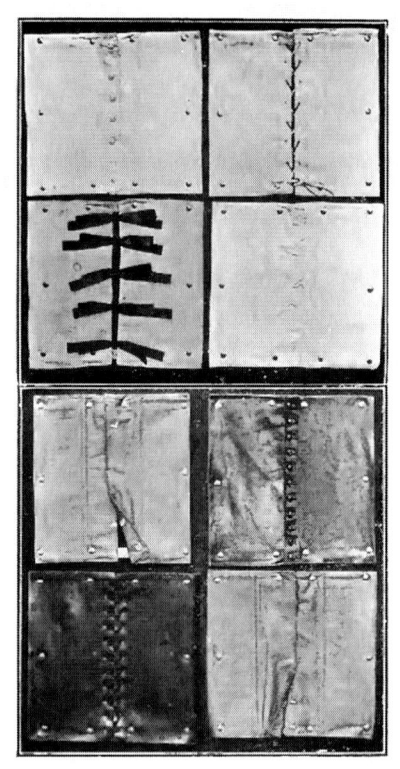

圖3　練習繫帶子和扣扣子的框架板

　　第一步就是調整框架板上的兩塊布，使它們從上到下的邊緣對齊，這樣才能扣上鈕扣。如果是在框架板上給孩子們示範這個動作，那麼老師需要把這個動作分解成若干步驟。他首先需要拿著鈕扣，將它放在釦眼的另一側並對準，之後把它完全放進釦眼裡，在扣好以後，調整鈕扣的位置。

同樣，如果向孩子們示範打蝴蝶結，老師也要將整個過程分解成若干步驟。有一個影像記錄了孩子們學習打蝴蝶結的全部過程。

當然，並不是所有的孩子都需要這些課程，因為有些孩子可以互相學習。

當他們學習的時候，他們非常有耐心，會仔細地分析每一個動作，並且慢慢地實踐每一步。一般情況下，孩子們會坐在舒適的位子上，把框架板放在桌子上。（見圖4）

圖4　正在用框架板練習扣扣子的孩子

第四章　運動神經訓練

　　當孩子們充滿興趣地反覆固定、解開扣子的時候，他們的手指漸漸變得非常靈巧。他們帶有極大的渴望，一有機會就想在真實的衣服上實踐。即使是最小的孩子，我們也能看到他們渴望自己去穿衣服或幫著同伴穿衣服。

　　他們在這種看似娛樂的行為中探索，並且會拒絕想要幫助他們的成年人，以此來捍衛自己享受樂趣的權利。

　　在指導孩子們的其他行為時，如清洗、擺放桌子等，也可以採用同樣的方式。

　　老師在開始的時候要對孩子們進行引導，在示範時，要盡量少說話甚至是不說話，但是示範動作要完成得非常精確。

　　老師要教孩子們如何坐下，如何從座位上起身，如何拿起、放下物品，如何有禮貌地將東西遞給別人。同樣，他要向孩子們示範如何把盤子一個一個地放在桌子上，並且不發出響聲。

　　孩子們學得很快，並且表現出了極大的興趣和令人驚訝的專注力。

　　在孩子比較多的班級中，我們很有必要安排孩子們輪流分擔一些勞動，如擺桌子、洗碗等。孩子們會很自覺地遵守

這種輪流制度。

我們無須要求他們去做這些勞動，即使是年齡最小的2歲半的孩子，也願意自主地去分擔。我們甚至經常因為看到他們努力地模仿、記憶，最終克服困難而感動。

紐約的雅各布（Jakob）教授在參觀「兒童之家」時被一個孩子的行為感動了。那個僅有兩歲多一點的孩子，看起來並不聰明，他還有一個困惑，因為他記不住叉子應該放在右手側還是左手側。他站在那裡思考了很久，幾乎用盡了他頭腦儲存的全部能量。其他比他大一些的孩子都以欽佩的目光注視著他思考的過程，就如我們一樣，為眼前發生的一切驚嘆不已。

老師不會給孩子們過多的指導，他僅需稍微示意一下、指點一下，就足以讓孩子們開始行動了，剩下的就是讓孩子們自行發揮。孩子們會相互學習，並且熱情洋溢地工作。在這種安靜、積極的氛圍裡，會催生出一種認同感和互相幫助的生活態度。

最重要的也是最精彩的部分是，年紀大一點的孩子對年紀小一點的孩子在成長過程中獲得的進步會帶有極大的認同感和關注。

第四章　運動神經訓練

在我們拍攝的影像中，大家可以目睹「兒童之家」真實的活動。孩子們做著自己的工作，每一個孩子都專注於自己的任務，老師在教室的角落裡觀察他們。

影像中還拍到一些孩子照顧「兒童之家」的場景，從某個角度來說，這是他們對人和周圍環境的一種照顧。我們看到他們自己洗臉、刷鞋、清洗家具、擦亮身高測量儀上的金屬外殼、刷洗地毯等。在擺放桌子的時候，他們自覺地分工和完成自己分內的工作，比如端盤子、擺放勺子和刀叉等。最後，我們的「小服務生們」端上一碗碗熱湯在桌前就座。

同樣地，園藝和手工勞動也能帶給孩子們極大的樂趣。眾所周知，園藝是一項從嬰兒期就應該開始的早教項目。各種植物和動物都可以吸引孩子們的興趣和關注。「兒童之家」在這方面借鑑了拉特夫人的教育理念。

在手工勞動上，我們選擇了泥塑手工，包括一些小瓷磚、花瓶和磚塊的製作。孩子們在製作過程中一般需要模具這類簡單的工具。在整個過程中，孩子們需要保證眼睛時刻盯著製作，最終，這個小的工藝品需要孩子們自行上釉並烤製。

孩子們會學習如何用自己烤製的白色或者彩色的瓷磚去

築牆，並作不同的設計。他們用砂漿和抹子去抹平地板，並且鋪上地磚。他們還會挖地基，用他們製作的磚去搭建隔牆，甚至建造一個完整的雞舍。

對孩子們來說，最重要的運動神經訓練就是「沿線走」。線是用粉筆或者油漆在一個空曠的地面上畫上的直線，有的時候也會畫兩條橢圓形的同軸線。

孩子們需要像走鋼索的人一樣，一步一步前腳接後腳地沿著線行走。為了保持平衡，他們需要小心地穩住自己，當然他們並沒有生命危險，因為「鋼索」是老師畫在地上的。

老師需要自己先進行示範，清晰地告訴孩子們該如何向前邁步，孩子們只需要模仿老師，不需要老師說更多的話。

最初，只有一些孩子會跟在老師身後，當老師示範如何做之後，他便放手離開，任由孩子們自己去練習。

大多數孩子會繼續沿線走下去，他們小心地調整步調，模仿老師剛剛示範的動作，努力地保持平衡，不讓自己走到線外。

漸漸地，其他孩子聚攏過來，觀看並嘗試加入其中。不一會，兩條橢圓線上或者一條直線上就站滿了努力讓自己保持平衡的孩子們。他們持續地走著，謹慎地邁出每一步，他

第四章　運動神經訓練

們的神情專注且認真。

在孩子們練習的時候，我們可以放一些音樂。一般我們會選擇簡單的進行曲。最初的時候，樂曲的節奏不需要太明顯，但需要與孩子們的活動相配合，這樣可以激發孩子們自發努力的精神。當他們透過這種方式學會掌握平衡後，孩子們走路的姿態就會達到幾乎完美的狀態。

他們除了學到穩重、自然的走路姿態，還可以學到優雅的舉止儀態。沿線走的練習還可以衍生出很多其他練習。

韻律練習，即用鋼琴彈奏進行曲為孩子伴奏。當同一首進行曲重複幾天之後，孩子們便可以跟著韻律的感覺走，並隨著節奏自然地擺動他們的手臂和邁步。當然，他們也可以隨著進行曲進行沿線走的練習。

孩子們漸漸開始理解音樂了，就如喬治小姐在華盛頓的學校中所示範的那樣，孩子們可以一邊走，一邊演奏樂器。此時的「兒童之家」就像會發出「嗡嗡嗡」聲的熱鬧的蜂巢一樣。

還有一種可以訓練孩子們運動神經的方法，就是我曾提到的「兒童之家」小健身房中的一個特別實用的設備，我們可以叫它「柵欄」。孩子們可以把他們的手臂掛在柵欄上，這樣能使他們的雙腿從沉重的身體壓力中解放出來，並且可以使

他們的手臂變得強壯。

　　這個柵欄還可以用在花圃工作中,它可以發揮劃分區域的作用。例如,柵欄可以將花圃中的園區和人行道區分開,但是卻不影響花圃的外觀。

第四章　運動神經訓練

第五章　感官訓練

第五章　感官訓練

我的教具為孩子們提供了發展感官訓練的條件。

在教具箱中,最能吸引 2 歲半到 3 歲孩子注意力的教具是三套圓柱體。每一套都包含 10 個小的圓柱體(圓盤)。所有的圓柱體都有一個小的圓鈕把手。

在第一套圓柱體實木塊中,所有圓柱體的高度相同,但是直徑從小到大遞增。(見圖 5)

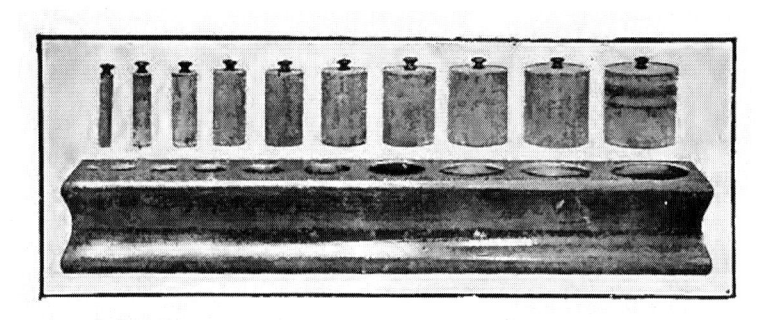

圖 5　直徑遞增的圓柱體

在第二套圓柱體實木塊中,每一塊圓柱體的高度和直徑都不同 —— 在高度和直徑上依次遞增,但是它們的形狀相同。(見圖 6)

圖 6　高度和直徑同時遞增的圓柱體

最後，在第三套實木塊中，圓柱體有相同的直徑，但是高度不同，隨著高度的遞減，圓柱體最終變成了一個小的圓盤。（見圖 7）

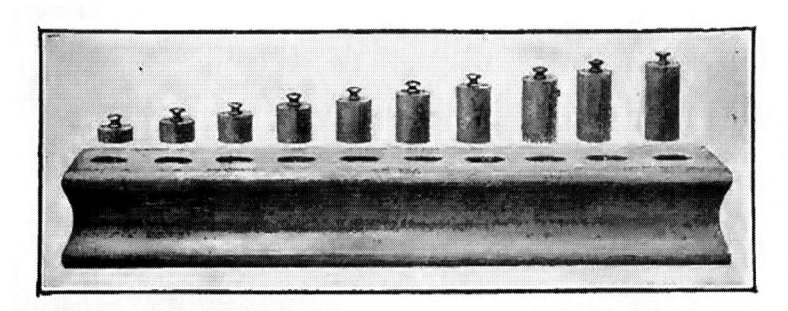

圖 7　從右往左高度遞減的圓柱體

第一套圓柱體在兩個尺寸上（直徑和截面）發生了改變。

第二套圓柱體在三個尺寸上發生了改變。

第五章　感官訓練

第三套圓柱體僅在一個尺寸（高度）上發生了改變。

我根據難易程度對孩子們進行訓練。孩子們的訓練內容是拿出所有的圓柱體實木塊，把它們打亂次序後，再將實木塊放回到正確的位置。

這需要孩子們舒適地坐在桌邊，用兩根手指捏住小圓柱的圓鈕把手，小心地將實木塊拿出來。再透過手和手臂的運動完成打亂實木塊次序的活動。

在整個過程中，他們要格外小心，避免將實木塊掉到地上，也要盡量避免發出太大的聲響，最後，再將實木塊放回到原先的位置。

在訓練過程中，老師可以先做一個示範，例如，僅示範取出圓柱，仔細地將它們在桌子上打亂，然後告訴孩子們如何將它們放回原位。但是老師並不幫助孩子們完成訓練，因為類似的示範在我們的實踐觀察中被發現是多餘的。孩子們只要觀察同伴如何操作，就可以透過模仿完成訓練。

孩子們喜歡獨自完成任務，實際上，他們更擔心其他人不必要的干預，所以他們有時甚至會私下一人去練習。（見圖 8）

圖 8　孩子在使用圓柱體實木塊

　　但是孩子們是怎樣把打亂次序的圓柱體放回到原來位置的呢？

　　首先，孩子們要進行幾次嘗試。他們經常會把太大的圓柱體放到太小的插孔中。

　　然後，他們會在發現圓柱體無法插入後改變它的位置，嘗試其他的插孔，直到圓柱體可以順利插入其中。有的時候，相反的情況也會發生。因為插孔過大，圓柱體可以順利地被插入插孔中。但這種情況顯然也是不合適的，孩子們還需要找一個更大的圓柱體來配對這個插孔。

第五章　感官訓練

最後，當孩子們發現剩下一個圓柱體沒有地方插時，他們需要仔細地查詢錯誤的地方。他們會有些困惑，並且開始思索這個有趣的問題，之前，所有的圓柱體都找到了合適的插孔，為什麼現在剩下一個找不到了呢？孩子們會停下來，陷入沉思。他們開始重新觀察小圓柱體上面的圓鈕把手，看看是不是有的圓柱體放錯了位置，並且開始嘗試調整它們。經過一次又一次的嘗試，最後他們終於成功了。

這時，他們的臉上充滿了勝利的微笑。這樣的練習可以開發孩子們的智力，他們透過不斷重複這個過程，從中學到經驗，然後再次嘗試。3 歲到 3 歲半的小孩子，在進行這項訓練的時候，可以饒有興趣地重複 40 次以上。

如果再給他們第二套、第三套圓柱體實木塊，有了變化的圓柱體會再次吸引他們，激起他們繼續練習的興趣。

我上面所描繪的這個教具有助於培養孩子們透過觀察來區分尺寸差異的能力。透過這樣的訓練，孩子們最終可以只用眼睛看就能分辨出手中的圓柱體應該放到多大的插孔中。

這種教學訓練的基礎源於教具本身就可以控制錯誤的出現，孩子們可以在操作的過程中感知到自己是否正確。

孩子們想要達到預期目標的願望，使得他們會不斷地修正自己，這不需要老師不斷地提示、告知、糾正。注意到自

己的錯誤，是孩子們透過自身的頭腦經過複雜的分析後產生的結果。

因此，從這一刻開始，孩子們開始自我教育了。

這種訓練的目的並不是我們從外在所看到的──讓孩子們學習如何放置圓柱體實木塊，而是讓孩子們學會如何進行訓練。

發展這種訓練是要達到一個內在目的，或者說深層的目標，即訓練孩子的觀察能力，讓他們透過比較不同物品之間的差異，形成判斷，學會去推理，從而做出決定。孩子們可以透過不斷地重複訓練來提高自己的注意力和理解力，並讓它們不斷地提高。

第五章　感官訓練

在圓柱體實木塊訓練後，還可以進行三套立體幾何實木塊的訓練。

（1）10個粉紅色的立方體實木塊。立方體實木塊的邊長從10公分依次遞減到1公分。（見圖9）

圖9　從下到上邊長遞減的立方體塔

孩子們可以用這些立方體壘塔，他們可以先把最大的立方體放在地上（或者地毯上），然後在它的上面按著大小順序

依次疊放立方體，直到把最小的立方體放在頂部。當他們疊好塔時，他們可以用手把它推倒，立方體散落在地毯上，他們可以再次開始疊塔。（見圖 10）

圖 10　孩子正在疊塔

（2）10 個棕色的長方體實木塊。這些長方體實木塊最長的邊長是 20 公分，正方形切面的邊長從 10 公分依次遞減到 1 公分。孩子們把 10 塊長方體實木塊散落在淺色的地毯上，他們有時從最厚的實木塊開始，有時則從最薄的開始，將這些木塊按大小次序排好。（見圖 11）

圖 11　從右到左切面邊長遞減的棕色長方體

第五章　感官訓練

（3）10 根綠色和紅藍相間顏色的長棒。所有的長棒都有相同尺寸的正方形截面，但是長度不等，從 10 公分依次遞減到 1 公分。（見圖 12）

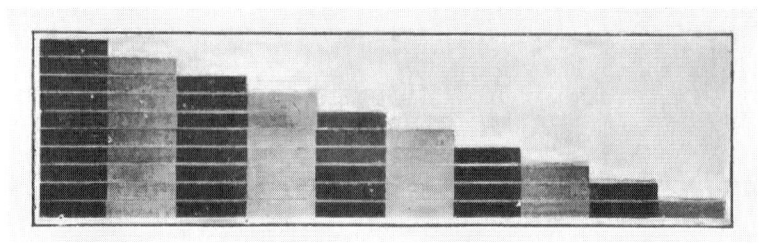

圖 12　長度遞減的長棒

孩子們將 10 根長棒散放在一塊大地毯上，並且打亂它們的次序。透過比較長棒的形狀，孩子們將長棒按照長短次序排好，這樣就形成了一個管風琴的形狀。

像往常一樣，老師會先做示範。他向孩子們示範如何擺放實木塊，但是大多數情況下，孩子們並不是直接從老師這裡學到的，而是透過觀察同伴學到的。

當然，老師會持續地觀察孩子們，不會錯過孩子們的努力，同時，他也會在孩子們摔打教具或者胡亂操作教具時對其進行糾正。但是如果孩子們擺放實木塊時出現次序的錯誤，老師則不會糾正。原因是，孩子們如果出現擺放錯誤，例如，將較大的立方體擺放在了較小的立方體旁邊，那麼這

種錯誤是孩子自身缺乏訓練造成的,孩子可以透過反覆練習來提升自己的觀察力從而自行得到改正。

有時候,孩子們在擺放長棒時,會出現一些明顯的錯誤。但這個訓練的目的並不是讓孩子們能夠將長棒正確地排列,而是讓孩子們可以進行自我訓練,所以這個時候我們無須干涉。

直到有一天,孩子們將所有長棒按著他們認為正確的次序擺放好,他們會充滿喜悅地叫老師過去,展示他們的工作成果。這樣,訓練的目的就達到了。

這三套教具 —— 立方體、長方體和長棒有一定重量,對孩子們來說並不是輕而易舉就可以搬動和操控的。同樣,他們在訓練時,需要反覆地用他們的眼睛來區別相同物體的不同尺寸。

這項訓練,從感官上說,要比之前的圓柱體實木板訓練看起來容易一些。然而實際上,這三套訓練其實更有難度。因為這三套教具不具備自控錯誤的特點,只能靠孩子的雙眼來控制錯誤的出現。

因此,這些教具之間的區別應該鮮明一些,讓孩子們可以一眼分辨出來。所以,這項訓練的教具的設計尺寸較大,孩子們也必須在已經具備一些觀察能力後,再來進行這項訓

第五章　感官訓練

練（觀察力可以先透過圓柱體實木塊進行訓練）。

在同一個階段，孩子們還可以做一些其他的訓練。在教具中，有一塊小的矩形板，其表面一半是粗糙的，一半是光滑的。（見圖 13）

這個時期，孩子們已經知道如何用冷水和肥皂洗手。他們將雙手擦乾，再將手指放到溫水中浸泡幾秒鐘。漸漸地，孩子們對溫度的感知就會更明顯。

圖 13　表面粗糙和表面光滑的矩形板

在洗手之後，老師指導孩子們用柔軟的手指尖觸摸矩形板的不同的表面，讓孩子們感受到它們的差異。孩子們的小手，在不同的表面上一前一後地移動，這對孩子們來說是一個極佳的訓練觸覺的方法。

他們剛剛洗好的小手是用溫水浸泡過的，這讓他們的雙

手增加了許多感覺。這也是整個「觸覺訓練」的第一步，這在我的訓練方法中非常重要。

當引導孩子們參加觸覺訓練時，老師必須始終以一種積極的態度參與進去。不僅要向孩子們示範如何做，還要在示範時盡量保持沉默。老師可以握住孩子們的手，引導孩子們用手指去盡可能輕地觸摸矩形板的兩個表面。老師無須做任何解釋，只需要用話語去鼓勵孩子們用手體驗這種不同的感覺。

當孩子們體驗到觸感的不同時，他們會自行按照老師的示範不斷地重複這個過程。

孩子們在體驗兩個不同觸感的表面後，老師還可以對孩子們提供另一種矩形板進行訓練，這個矩形板上面貼著光滑度或者粗糙度不同的膠條。（見圖 14）

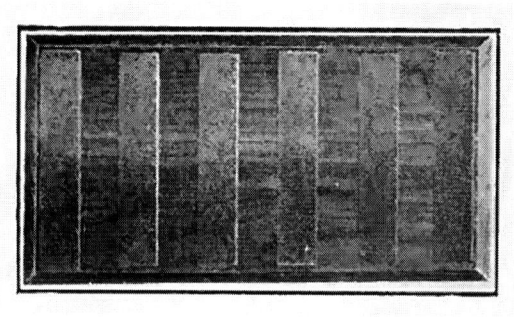

圖 14　矩形板上貼有光滑度或粗糙度不同的膠條

第五章　感官訓練

接下來，還有一系列砂紙卡片。孩子們可以透過觸摸並感受這些砂紙卡片的表面來不斷地完善自己觸摸的靈敏度。孩子們不僅可以提高辨別各種類似但是存在細微差異的觸感的敏銳度，還可以在訓練中提高自己對動作的控制能力。

在此之後，還有一系列可供訓練用的布料，天鵝絨、綢緞、絲綢、羊毛、棉布、粗亞麻布、細亞麻布。訓練的時候，我們要選擇兩種相似的布料，並且它們的顏色要鮮豔、明亮。

在進行這種練習時，孩子們需要根據布料的材質——從粗糙的棉布到光滑的絲綢——用不同的動作去觸摸，或是用力，或是輕柔。孩子們可以透過觸摸這些布料來獲得極大的滿足感。而且為了提高他們的感受度，他們幾乎是本能地閉上了眼睛。為了讓自己盡全力地去感受這些布料，他們會用一塊乾淨的手帕蒙上眼睛，將相似的布料成對放在一起去觸摸並辨認。結束後再摘掉手帕，檢查一下自己是否弄錯了。

這種感覺、觸覺訓練特別吸引孩子們，並且可以引導他們在周圍尋找類似的體驗。在「兒童之家」有一個小孩子曾被來訪的客人身上穿著的漂亮布料吸引。他先去洗了洗手，然後走上前一次又一次輕輕地觸摸來訪者的衣服。他表現出了極大的興致，一臉滿足。

一段時間後，我們會發現，孩子們會被更有難度的訓練吸引。

教具中有一些小的矩形木板。這些小的矩形木板雖然大小一樣，但都是由不同材質的木頭製成的，所以，他們有不同的重量和不同的顏色。（見圖15）

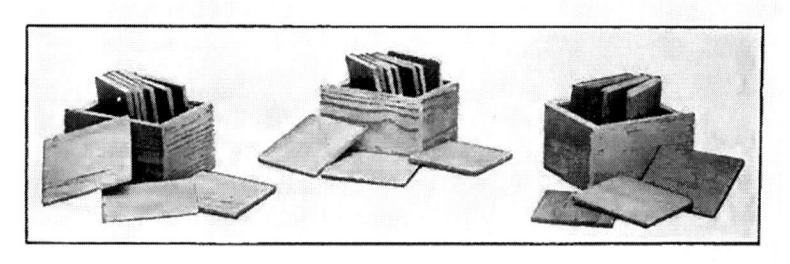

圖15　不同重量的木板

孩子們必須拿起矩形木板。他們首先要用手指抓住木板，再將手指慢慢地舒展開，這又是一個很好的讓他們鍛鍊精細動作的機會。

他們的手必須上下掂動，去掂量木板的重量，但是動作要盡可能輕柔。隨著孩子們對木板重量的感受能力的增強，他們的手部動作會越來越輕柔。

當孩子們不再需要做掂手的動作就可以感知木板重量的區別時，訓練的目的就達到了。這需要孩子們反覆訓練和嘗試。

第五章　感官訓練

　　一旦孩子們開始了這項訓練,他們就會主動要求蒙住眼睛,自發地重複這個練習。例如,他們一會拿起重一點的小木板放在右側,拿起輕一點的木板放在左側。當孩子們摘下手帕時,他們可以透過木板的顏色來辨別自己的判斷是否正確。

　　在開始這個較難的訓練之前,孩子們要進行三套立體幾何實木塊的訓練,以及帶有光滑面和粗糙面的矩形板的訓練。孩子們可以透過對教具的感興趣程度進行自我訓練。

　　下面這個教具是一套被不同顏色的絲綢包裹起來的木板。整套教具由兩個獨立的盒子構成,每個盒子裡有64塊顏色不同的木板,其中每個盒子裡的木板有8個色度,同一個色度根據深淺不同又可分出8種不同的顏色。(見圖16)

　　孩子們需要做的第一個訓練就是根據顏色替木板配對。他們需要從一堆打亂的色塊中找到兩塊顏色相近的木板,然後將這兩塊木板拿出來,放到一起。老師自然不會給孩子們全部的128塊木板,讓孩子們做練習,他只會挑選幾塊顏色較為鮮亮的木板,比如藍色、紅色、黃色,再從這三種顏色中拿出三、四對,混合在一起。

圖 16 　被不同顏色的絲綢包裹起來的木板

　　接下來，老師會拿出一塊木板，比如紅色的，向孩子們示範他是如何從混亂的木板中挑出能與其配對的木板的。完成後，老師把配好對的木板放在一起。然後他再拿起另一種顏色的木板，比如藍色的，這時孩子們需要從打亂的木板裡選出與藍色木板相配對的木板。最後，老師再將木板打亂次

第五章　感官訓練

序，讓孩子們自己去不斷地重複訓練。例如，讓孩子們選擇兩塊紅色、兩塊藍色、兩塊黃色的木板，把它們打亂後再逐一配對。

隨後，配對的木板數量再增加到 4～5 對。透過訓練，3 歲左右的小孩子可以自行找到 10 組或者 12 組顏色相近的配對木板。

當孩子們的眼睛經過反覆的訓練可以一眼辨識配對顏色的時候，孩子們就可以做色調相同但深淺色度不同的排列訓練了。他們可以透過每種顏色深淺程度的細微變化來鍛鍊自己的眼力。

以藍色系列為例，這裡有 8 塊由深到淺的藍色木板，老師從最深的顏色開始，把它們一塊接一塊地排好，這樣示範的唯一目的就是讓孩子們知道自己該怎麼完成整個訓練過程。然後，老師就可以讓感興趣的孩子們自發地進行操作了。

孩子們雖然理解這個規則，但還是會時常犯錯，這是因為他們還沒有達到可以準確地分辨同一顏色的不同深淺色度的程度。

他們透過不斷地練習，最終可以增強自己分辨顏色深淺度的能力，所以，我們放手讓他們努力去練習吧！

這裡有兩個建議，可以幫助孩子們。

第一，建議孩子們先選出這一系列中顏色最深的木板。老師可以提供給孩子們一個明確的方向，這樣能極大地方便他們做出選擇。

第二，引導孩子們仔細觀察兩塊顏色相近的木板，這樣會讓他們直接將這兩塊木板與其他木板區分開。因此，孩子們沒有透過仔細觀察和比較就擺放木板的情況就不會存在了。

到最後，孩子們會很高興地將 64 塊木板混在一起，然後熟練地將它們按照顏色深淺度由深到淺地擺放成 8 排。

在這個練習中，孩子們的手部精細運動能力和思考專注力也得到了特殊的訓練。因為孩子們不可以隨意拿著木板，他們要盡量避免碰到裹在木板外側的有顏色的絲綢，所以他們必須拿著木板的兩端進行擺放練習。將木板一塊接一塊地擺成直線，這樣會讓木板看起來像一條美麗的、顏色漸變的綢帶。孩子們只有不斷地練習，才可以逐漸掌握這些技能。

對年齡大一點的孩子們來說，這些色彩感官練習可以幫助他們發展「色彩記憶」。孩子們會仔細地觀察顏色，之後在一堆混合的顏色中找出與之相近的顏色。

在對一種顏色進行仔細觀察後，孩子們可以透過記憶辨

第五章　感官訓練

識出那種顏色,他們是用頭腦中對顏色的記憶來辨識的,而不再需要與實際顏色相比較。

孩子們非常喜歡這種「色彩記憶」練習,這會讓孩子們的思考變得活躍起來,他們會帶著頭腦中對顏色的記憶在現實中尋找與之對應的事物。當他們把想像和現實連接起來時,這對他們來說是一次成長的勝利,也是他們心智進步的又一次佐證。

另一個有趣的教具是一個帶有 6 層抽屜的櫃子,抽屜是一個安在另一個上面的。當孩子們打開抽屜時,他們會看到一個方形的木框架。

所有木框架的中央都有一個可以取出來的藍色幾何圖形木板,並且每個幾何圖形木板的中央都有一個小把手。每個抽屜裡也都放著藍色的紙,幾何圖形木板被拿走後,從抽屜底部可以看到一個同樣的幾何圖形。

這些幾何圖形木板根據一定的規律被放在抽屜裡。(共 6 個,見圖 17)

圖 17　抽屜櫃裡存放著幾何圖形

(1)一個抽屜裡放置了 6 個直徑依次遞增的圓形。（見圖 18）

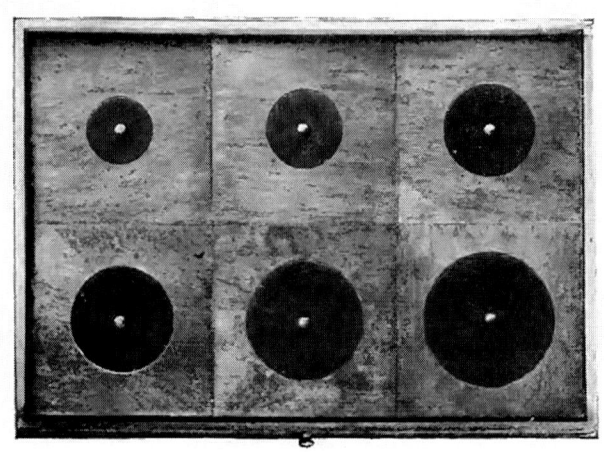

圖 18　六個圓形

063

第五章　感官訓練

(2)一個抽屜裡有 1 個正方形，還有 5 個長方形，長方形的長與正方形的邊長相等，但寬是依次遞增的。（見圖 19）

圖 19　六個長方形

(3)一個抽屜裡有 6 個三角形,每個三角形的邊長與角度都不同,包括等邊三角形、等腰三角形、不等邊三角形、直角三角形、鈍角三角形、銳角三角形。(見圖 20)

圖 20　六個三角形

第五章 感官訓練

(4)一個抽屜裡放著 6 個多邊形,邊數從五開始遞增到十,即五邊形、六邊形、七邊形、八邊形、九邊形、十邊形。(見圖 21)

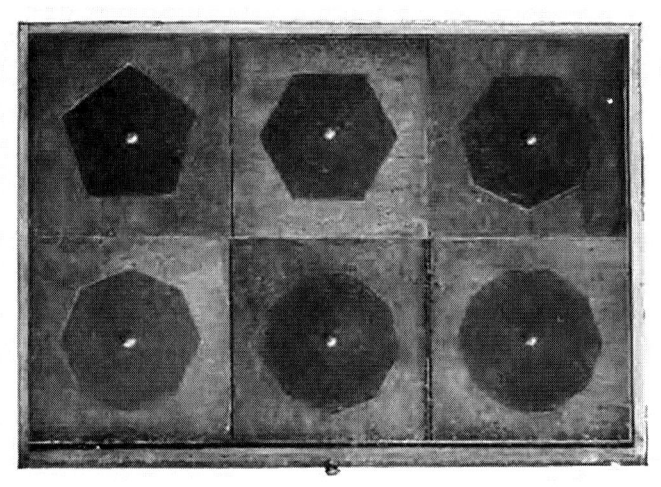

圖 21 六個多邊形

(5)一個抽屜裡放有不規則的幾何圖形,包括菱形、橢圓形、鵝卵形、平行四邊形、梯形等。(見圖22)

圖22 六個不規則圖形

第五章　感官訓練

(6) 最後一個抽屜裡，放有 4 塊平面木板，木板上沒有任何幾何圖形可以取下來，也沒有安裝把手。另外 2 塊木板上則嵌有 2 個不規則的幾何圖形。（見圖 23）

圖 23　四塊平面木板和兩個不規則圖形

這套教具要與木製框架配套使用，框架內有 6 個格子，每個格子裡有一個帶有把手的幾何圖形木板。這些幾何圖形木板就像一個蓋子，打開、關上它的時候，能剛好蓋到框架結構中留下的缺口處。（見圖 24）

圖 24　固定幾何圖形的框架

這些木製框架是老師第一次向孩子們介紹幾何圖形時要使用的。

老師可以根據自己的判斷，從所有的幾何圖形裡選擇一些向孩子們介紹。

最初，建議給孩子們一些區別比較大的圖形；然後，再

第五章　感官訓練

給孩子們看更多的圖形；最後，給他們一些形狀相似的圖形。例如，第一次給孩子們的圖形可以是等邊三角形、圓形和正方形。木質框架結構中空出的幾何形狀部分可以讓孩子們來放入圖形。

漸漸地，框架被圖形填滿，最初是一些差異比較大的圖形，比如一個正方形、一個非常窄的長方形、一個三角形、一個圓形、一個橢圓形和一個十邊形，或者是一些其他圖形的組合。

慢慢地，老師把目標轉向那些相似的圖形結構，比如，6個長方形、6個三角形、6個圓形，這些圖形相似，但是尺寸不同。

這項練習與前面介紹的圓柱體插孔訓練有些類似。這些插件都有小把手，訓練時需要將它們從原來的位置上拿出來，放到桌子上，打亂次序，然後再讓孩子們把它們放回原位。

這套教具同樣有控制錯誤的能力 —— 幾何圖形只能被插在屬於自己的位置上，如果放錯了位置，就無法契合。

孩子們經過一系列實驗和嘗試後，最終都會獲得勝利。我們可以引導孩子們去比較不同的形狀，讓他們真實地意識到這些形狀的不同 —— 當他們把一個幾何圖形放到了錯誤的

位置上時，這個幾何圖形將無法插到框架裡。這樣可以訓練孩子們區分形狀的眼力。

訓練中，孩子們的手部協調性也非常重要。孩子們被告知要用右手食指和中指的指腹去觸碰幾何圖形的邊緣，當然，如果孩子們的左右手都很靈活，他們也可以用左手來完成這個動作。

孩子們不僅要用手去觸摸幾何圖形的邊緣，還要去觸摸與幾何圖形連接的框架結構的輪廓，只有在一一觸摸之後，他們才能準確地將幾何圖形放到對應的位置上。（見圖25）

透過這種方式，孩子們對形狀的認知會更容易一些。對於那些不能透過眼睛來辨別形狀特徵的孩子們，還有那些把兩個不相同的形狀放錯了位置的孩子們，這種觸摸幾何圖形輪廓的方式可以讓他們快速辨識圖形的特徵，並且將圖形放到正確的位置上。

在這個訓練中，孩子們透過用手觸摸幾何圖形的邊緣，對物體有了更加真實的感受。當他們觸摸框架結構時，這個感受會非常真實，因為他們的兩根手指需要跟隨這個框架的邊緣來移動，框架此時既是一個障礙，又是一個可以明確方向的嚮導。

第五章　感官訓練

圖25　孩子在觸摸幾何插件的邊緣

最開始訓練時，老師就要明確地教給孩子們這個非常重要的步驟，這對孩子們未來的訓練也非常有幫助。

老師必須向孩子們示範如何去觸摸邊緣，他不僅要慢慢地、清楚地去做這個觸摸動作，還要在孩子們第一次嘗試時，引導孩子們的手放在正確的位置，這樣才能保證孩子們可以觸摸到圖形的所有細節。

當孩子們的手可以精確地完成這些動作時，他們就真正地具有透過觸摸幾何形狀的邊緣來感受形狀的能力了。透過反覆多次的訓練，孩子們可以用手協調各種動作，這對孩子們準確地描述出幾何形狀的輪廓來說非常重要。

這項訓練可以被叫做繪畫的「間接準備」練習，因為它能為真正的繪畫做準備工作。確切地說，這種訓練可以鍛鍊孩子們用手去勾畫封閉圖形輪廓的能力。

孩子們的小手透過觸摸、感受了解了如何沿著已有的輪廓去移動，在不知不覺中，他們已經為以後的學習寫字做了準備。

孩子們特別注重這種準確地觸摸圖形平面輪廓的能力。他們甚至在練習時自己提出要蒙上眼睛，這樣他們就可以專注地只透過觸摸來認出形狀，而不用眼睛看，從而完成拿、取圖形的動作。

接下來的一套教具是每個幾何圖形木塊都會在平板上有與其形狀相對應的三張白色的正方形卡片。所有卡片的尺寸都是大小相同的。這些卡片被存放在三個專用的立方體盒子中。（見圖26）

卡片分為三組，每組卡片上也有與幾何圖形木塊形狀完全相同的圖形，而且圖形的尺寸也完全相同。

在第一組中，幾何圖形是被填滿的。孩子們可以將需要的圖形用藍色的紙裁剪出來並貼到卡片上。在第二組中，幾何圖形只有輪廓線，並且圖形輪廓線寬度約為0.5公分，也是用藍色的紙裁剪出來貼在卡片上的。在第三組中，幾何圖

第五章　感官訓練

形的輪廓線只用黑色的墨水筆細細地勾勒出來。

透過使用這套幾何圖形教具，孩子們的眼力 —— 辨識平面形狀的能力可以得到訓練。

實際上，在練習中，這套教具已經不具備「自糾錯」能力了，那個可以控制錯誤產生的木框架已經不存在了。但是孩子們可以透過他們的眼睛來分辨形狀。他們已經不需要將幾何圖形木塊插到對應的缺口中，只需要根據卡片上的幾何圖形放置卡片。

圖 26　帶有幾何圖形的卡片

同樣，孩子們每完成一組訓練開始進行下一組訓練時，就說明他們眼睛辨識形狀的能力又提高了。

當他們開始進行第三組訓練時，他們可以意識到手中的幾何圖形木塊和畫在卡片上的幾何圖形之間的關聯，這就意味著他們已經可以將具體事物與抽象事物連接在一起了。這些卡片上的線在他們的眼睛裡有了明確的意義，他們已經習慣透過簡單的線條去辨識、理解和判斷圖形了。

這些訓練方式是多種多樣的。孩子們自己也會有很多創新。一些孩子喜歡把幾個幾何圖形在眼前鋪開，然後將卡片掐在手裡，像打牌一樣將這些卡片的次序打亂，然後盡可能快地將對應的卡片放在一處。有時候，為了對自己進行檢驗，他們會把幾何圖形木塊放在卡片的上方。

在做這個練習時，孩子們通常會將教具布滿整張桌子，將幾何圖形木塊放在上面，然後在它的正下方依次放上與其形狀相對應的三種卡片。

孩子們發明的另一個遊戲是在兩、三個合併在一起的桌子上，將三組卡片全部混合在一起。孩子們拿著幾何圖形木塊，快速地掃視桌子上的所有卡片，然後用最快的速度將幾何圖形木塊放到與之相對應的卡片上。

四、五個孩子可以一起玩這個遊戲，一起去找對應的卡

第五章　感官訓練

片。例如，他們其中一個一旦發現與自己手中幾何圖形木塊相對應的卡片，就會仔細地、精準地將木塊放在該卡片上，其他孩子也會將幾何圖形木塊放到繪有相同幾何圖形的卡片上。從另一個層面來說，這個遊戲在某種程度上也為孩子們未來下西洋棋做好了準備。

很多孩子在不用任何示範的情況下，就會用手指去觸摸幾何圖形的輪廓，他們興趣盎然、態度認真，並且百折不撓，充滿毅力。

我們還教孩子們平面幾何圖形的名稱。

最初，我打算盡量限制教孩子們圖形的正規名稱，譬如正方形、矩形、圓形。但是孩子們很渴望知道這些圖形的名字，甚至是那些很難的圖形，如梯形、十邊形等，都極大地激發了他們的興趣。他們在聽到這些新詞的準確發音時，會一遍遍地重複跟讀，表現出了極大的興趣。實際上，這個階段正是兒童語言發展的時期，也是孩子們學習外語發音的最佳時期。

當孩子們經過很長一段時間的幾何圖形插片練習後，他們會開始在周圍的環境中探索。他們能辨識出一些認識的形狀、顏色和質地，這就是一系列感官訓練的結果。

這些訓練激發了他們極大的熱情，在他們的眼中，世界變成了他們快樂的泉源。

一天，一個小男孩獨自在屋頂平台上散步，帶著若有所思的神情，嘴裡念叨著：「天空是藍色的，天空是藍色的。」

有一位訪客非常喜歡維亞‧蓋斯蒂學校的孩子們。一次，他帶給孩子們一些餅乾，想要看看孩子們貪吃餅乾的模樣。結果，令他驚訝的是，當他向孩子們分完餅乾後，他並沒有如願以償地看到孩子們狼吐虎嚥地將餅乾塞進嘴裡的樣子，取而代之的是，他聽到孩子們在喊：「這個是三角形！這個是圓形！這個是長方形！」因為這些餅乾是幾何形狀的。

在米蘭的一個普通人家裡，媽媽拿出一片麵包和奶油，為大家準備晚飯。她四歲的兒子在她身旁，看著她手裡的麵包，說：「長方形。」這位媽媽繼續準備晚飯，從麵包上切下來一塊大角，這時，這個孩子大叫：「三角形！」然後這位媽媽把這塊三角形的麵包放到平底鍋裡，孩子看著剩下的那塊麵包，大聲地說：「現在它是梯形了！」

這個孩子的父親是一位工人，他當時也在場，所以對這一場景印象深刻。他親自去找到孩子的老師，詢問孩子為什麼會有這樣的行為。之後他非常激動地說：「如果我是在這樣

第五章　感官訓練

的教育中成長的,那麼我將不會只是一個普通的工人。」

後來,這個孩子的父親與別人談起這件事,這讓很多像他一樣的工人對這個學校產生了興趣。這些孩子的家長後來送給老師一張自製的羊皮卷,上面有孩子的照片,而在孩子照片的中間,還畫著他們學到的幾何圖形。

如果想讓孩子們進行透過觸摸來認識物體形狀的訓練,這很容易,因為在孩子們所處的環境裡,有廣闊無邊的開放空間等待著他們去發現、探索。我們常常能看到孩子們站在一個美麗的柱子或者雕像前面,靜靜地欣賞,之後又閉上眼睛,帶著滿足的表情,然後用手一次又一次地在上面撫摸。

有一天,我們的一位老師在教堂遇到了來自維亞‧蓋斯蒂學校的兩個小男孩。他們站在那裡觀察支撐聖壇的小柱子。過了一會,其中年齡稍微大的孩子逐漸靠近這些小柱子,並開始撫摸它們。然後,他似乎想跟他的小兄弟分享這種喜悅,於是他讓小兄弟靠近一點,讓他用手輕輕地去撫摸這些光滑、美麗的小柱子。但是,教會管理這些物品的負責人出現了,他們認為這些孩子很淘氣並且「四處亂摸」,所以把他們趕走了。

孩子們透過觸摸物體來辨識它們的形狀,從中感受到

極大的樂趣，這種樂趣本身可以促進孩子們做更多的感官訓練。

很多心理學家都談到過「實物感覺」的能力，那是一種用手去觸摸物體的輪廓來識別其形狀的能力。這種感覺不僅僅包含觸覺，因為觸覺只能讓我們辨別物體表面的質感是粗糙的還是光滑的。

事實上，對於物體形狀的感知依賴於兩種感覺的結合——觸覺和肌肉感覺。其中，肌肉感覺能力是一種運動感知。我們在現實生活中提到的盲人的觸覺，實際上說的就是這種「實物感覺」，也就是他們用手來感知物體形狀的能力。

3～6歲這個年齡階段，正好是孩子們肌肉能力逐漸形成的黃金時期。當孩子自發地蒙上自己的眼睛，去辨識各式各樣的物品，如飛機、固體插件等，這實際上是他正在訓練自己的這種能力。

有很多類似的練習可以鍛鍊他們閉上眼睛去辨識形狀規則的物體的能力，例如，辨識小磚塊、福祿貝爾立方體、彈球、硬幣、豆子、豌豆等。從一堆混合在一起的物體中，孩子們要挑出形狀相似的幾種物體，然後把它們單獨放在一起。

第五章　感官訓練

　　在我們的教具中，有一些淺藍色的木製幾何體，包括一個球體、一個稜柱體、一個稜錐體、一個圓錐體、一個圓柱體。最有效的教孩子們辨識這些幾何體的方法就是讓他們閉上眼睛去觸摸這些木塊，猜測這些木塊的名稱。至於具體的學習方式，我將在後面闡述。

　　經歷過這種練習的孩子們，在睜開眼睛觀察這些幾何體時，會帶有更大的興趣。還有一種方法能夠讓孩子們對幾何體感興趣，那就是移動這些幾何體。球體可以到處滾動，圓柱體可以沿著一個方向滾動，圓錐體可以繞著自己滾動，而稜柱體和稜錐體只能站立，但是稜柱體比稜錐體更容易被推倒。

　　感官訓練的教具基本介紹完了。不過，我們還有一套用紙板做的圓柱體，這些紙板圓柱體一共有 6 個，有的完全封閉，有的上面用木頭蓋著。（見圖 27）

　　當這些圓柱體被搖晃或者滾動時，它們會發出不同的聲音。有的聲音很大，有的聲音小到幾乎聽不到。這是因為圓柱體內部放置的物體的材質不同。

　　我們有兩套這樣的教具。這項練習的第一步是讓孩子們辨識同樣強度的聲音，然後將發出相同強度聲音的圓柱體擺在一起。

圖 27　圓柱體音桶

　　第二步是比較聲音的強弱,也就是說要讓孩子們根據聲音的強弱按順序排好 6 個圓柱體。

　　這項練習類似於前面的色板練習,都是需要先配對、再排列的。同樣,在做這項練習時,孩子們需要舒服地坐在桌邊,他們的眼睛是被蒙住的,這樣可以幫助他們集中注意力。在老師進行簡要的講解之後,孩子們就可以自行反覆練習了。

　　至此,我們總結一下指導感官訓練的基本規則,感官訓練應該按照以下步驟進行。

第五章　感官訓練

1. 相似性識別（將類似的物品配對，將物品放到適合它們各自的位置上）。
2. 差異性識別（從一組物品中找出差異性最大的物品）。
3. 相似性物品的區分。

在訓練的過程中，為了讓孩子們的注意力在某段時間內能夠集中在特定的感知源上，需要盡可能地隔離一些無關的感官刺激。譬如：在訓練時保持房間的安靜，在做與視覺訓練無關的練習時蒙上雙眼。

在拍攝的教學影像中，我們給出了一些孩子使用感官訓練教具時的大致情況。並且，每個參與學習這種訓練理念的人，在看到孩子們做這些練習時，都會更加認可這些訓練的基礎理論。

我們建議那些希望使用感官練習引導孩子的人，應該先自己體驗一下這些感官教具，因為這會有助於他們更了解孩子在訓練時的感受，以及孩子在訓練中可能遇到的且必須面對的困難，等等。等練習進行到了一定程度之後，做這項訓練的人會因此了解這項訓練，並感到很有興趣且願意繼續做下去。

每個參與過這項訓練的人都會對一個事實印象深刻，即當你蒙上眼睛時，你的觸覺和聽覺會變得更加敏銳，這可以

讓你對事物的認知能力變得更強。單憑這一點,就會讓參加體驗的人對此更感興趣。

在進行樂感訓練時,我們在羅馬使用了一套教具,這套教具與市面上的教具有很大區別。

這套教具由兩套樂鐘組成,這兩套樂鐘構成了全音和半音在內的八度音節。這些金屬樂鐘都放置在長方形的木質底座上,它們的外觀極為相似,但是如果我們用一個小木槌敲擊它們,它們就會發出不同的音符:do、re、mi、fa、sol、la、si、do、do#、re#、fa#、sol# 和 la#。(見圖 28)

圖 28 不同的音符

其中,一套金屬樂鐘按照顏色順序排列在一塊木板上,並且木板上噴塗著與樂鐘木質底座相同尺寸的黑白長方形格子。就像鋼琴一樣,白色格子代表全音階,黑色格子代表半音階。(見圖 29)

首先,只有被擺放在木板上的樂鐘才與音調有關。這些樂鐘按照 do、re、mi、fa、sol、la、si、do 的順序被擺放在白色格子上,用來代表這些音符。

第五章　感官訓練

在練習時，首先要讓孩子用小槌子敲擊已經按順序排好的那一組樂鐘的 do 音。然後，在第二組那些被混合在一起的、沒有半音符的樂鐘之間，透過不斷地敲擊樂鐘，去尋找他剛才在第一步中聽到的相同的 do 音。當他找到與之對應的音符時，他需要把這個樂鐘與他第一步敲擊的長木板上的樂鐘（do 音）對應擺放好。

接著，他開始敲擊第二個樂鐘（re 音），一次或者兩次。然後在第二組那些被混合在一起的樂鐘中，不斷地試驗，直到找到與其相同的 re 音，然後把這個有相同 re 音的樂鐘與長木板上的第一組的樂鐘對應放好。

圖 29　樂鐘

孩子們不斷地用同樣的方式重複做練習，直到從第二組樂鐘中辨識出各種聲音，並把相似的樂鐘進行配對，就像之前我們做過的圓柱體音桶、顏色的配對練習一樣。

　　之後，孩子們按照音階的順序，透過一邊快速、連續地敲擊這些樂鐘，一邊唱出 do、re、mi、fa、sol、la、si、do 的方法來熟悉這些聲音。

　　當他們可以辨識並記住這一系列的聲音之後，孩子們會將這 8 個樂鐘混合，然後開始嘗試用小槌子敲擊樂鐘，從而再次辨識出 do、re、mi 等音符。他們每拿出一個新的樂鐘進行練習，就要再次從頭將那些已經熟悉且按順序排好的音符敲擊一遍──do、re、do、re、mi、do、re、mi、fa、do、re、mi、fa、sol 等。

　　透過這種訓練方式，最終，孩子們僅僅依靠自己的耳朵就能成功地將所有樂鐘按著音階的順序排列好。當孩子們成功時，他們還會將所有的音階自上而下或自下而上地一個個敲擊一遍。這個練習對 5 歲以上的孩子來說非常具有吸引力。

　　如果說上述教具可以作為聽覺系統訓練的開端，那麼我不想讓它的作用僅僅被限制為一個教學過程。因為無論是在對耳聾患者的治療中，還是在現代音樂教育中，這個過程都

第五章　感官訓練

非常重要,並且其訓練方式非常複雜。

實際上,我也使用過共振金屬管和可以發出相應音符的小木棒和弦樂器(小豎琴)。孩子們透過樂鐘的訓練,可以對這些樂器發出的聲音進行辨別。我們也可以使用鋼琴來幫助孩子們進行聽音和辨音的訓練。

透過這種方式,孩子們了解到不同的材質會發出不同的音色。同時,前面提到的各種練習,比如用鋼琴彈奏進行曲來進行節奏練習,或者孩子們自行哼唱簡單的歌曲,都對培養孩子的樂感非常有效。

還有一項非常重要的練習,可以讓孩子們快速地注意到聲音之間的特殊關聯。這一練習與我們目前在教育實踐中的嘗試有所不同,這一次不是製造聲音,而是盡可能地從我們所處的環境中消除聲音,我們稱之為「安靜訓練」。

「安靜訓練」已經被廣泛地應用。即使是那些沒有採用我們的其他教學方法的學校,也因為這項訓練對孩子們守紀律能產生良好的效果而使用它。

在訓練中,老師讓孩子們「不要動」,是為了抑制孩子們運動神經的衝動,希望他們可以獲得身心上的真正安靜。無論這種運動神經的衝動是由什麼引起的,我們都有必要教導

孩子們學會控制自己的動作。

當然老師也並不只是簡單地說「坐好」。他仍然需要對孩子們做示範，說明如何才是一動不動地靜靜坐著。也就是說，雙腳、身體、胳膊、頭都要保持不動。呼吸運動也應該遵循這種方式，盡量降低聲音。

想要保證孩子們成功地進行這項訓練，最基本的條件是讓孩子們找到一個舒服的、平衡的姿勢。他們需要坐著來完成這項訓練，無論是坐在他們的小椅子上，還是地上，他們都必須保證自己是舒服的。

當他們坐定並安靜下來之後，房間內的光線可以調暗一些，老師也可以讓孩子們閉上眼睛，或者讓他們用自己的雙手捂住眼睛。

我們很容易發現，孩子們對於「安靜訓練」非常感興趣。他們彷彿中了咒語，或者說他們進入了一種冥想的狀態。

漸漸地，每個孩子都變得越來越安靜，一動不動。他們安靜的程度不斷加深，直到他們感受到完全的安靜，這個情景就好像是夕陽下沉、夜幕漸至、萬籟俱靜。

在這種「安靜」的狀態下，孩子們聽到了很多以前沒有被注意到的微弱的聲音：鐘錶的嘀嗒聲，花園裡麻雀嘰嘰喳喳

第五章　感官訓練

的叫聲，甚至是蝴蝶振翅的聲音。

　　一個全新的「安靜世界」向孩子們展開，這個世界充滿了各種不易察覺的聲音，這些聲音清晰可聞，卻並沒有打破教室的寧靜，就如同漆黑夜空裡閃爍的群星並沒有趕走夜空的黑暗。這種感覺就像發現了一個可以停靠休息的新世界一樣。

　　可以說，世界裡的吵鬧和喧囂壓抑了我們的心靈。而在這個寧靜的時刻，我們的心靈得以解放，就像綻放的花朵一樣。

　　我們可以回憶起那些令我們沉迷的感受──日落時分，夕陽西下，那些鮮活的影像、光明與喧囂沉寂時的心境。

　　這種感受是我們心靈的延展，讓我們對自己內在的情感波動更為敏感。這種內在的情感強烈且持續，時而變化多端，時而異常安靜。

　　對此，但丁（Dante Alighieri）曾有詩云：「就在那個時候，水手們感到一種渴望，他們的心變得柔軟了。」

　　「安靜訓練」課程一般以老師叫孩子們的名字作為結束。點名者可以是老師，也可以是站在班級的後面或者教室隔壁的房間裡的任何一個孩子，他要一個接一個地叫著孩子們的

名字，來喚醒這些靜坐的孩子。

點名的聲音不能太大，需要非常輕，就如同在耳邊細語。孩子們如果想聽到自己的名字，就需要全神貫注。

當他的名字被點到時，他必須起身，順著聲音發出的方向，輕手輕腳地、小心翼翼地走過去，控制自己盡量不發出任何聲音。

當孩子們開始適應安靜的環境之後，他們的聽力在某種程度上會像被訓練過一樣，變得非常敏感。

對一個感受到安靜帶來的樂趣，並且發現了世界的微妙聲音的孩子來說，周圍喧鬧的聲音會很刺耳。

於是，孩子們開始不斷地完善自我。他們輕輕地走路，小心地注意不要撞到教具，挪凳子時也盡量不發出聲音，在把東西放到桌子上時也加倍小心。

「安靜訓練」的成果展現在孩子們的優雅舉止上，不得不說，這是一件令人高興的事情。

孩子們的這種表現並不是獎賞機制的產物──不是為了表面的美，為了獲取獎勵而做給別人看的做作的行為。他們的這種表現源自寧靜的心靈深處產生的愉悅感。

孩子們渴望從那些令人厭煩的噪音和阻礙平靜的環境中

第五章　感官訓練

逃離出來，他們渴望獲得安靜。他們就像舉止優雅的高貴紳士和淑女一樣，用自己的行為來努力呵護自己的心靈。

毋庸置疑，這個訓練對於孩子們的社會責任感的培養發揮了很大的作用。其他任何課程、條件都沒有辦法達到這樣的效果。

即使是 50 多個小孩，擠在一個擁擠狹小的空間裡，他們也能夠進入這種「真正安靜」的狀態中。他們都可以保持不動，也願意這麼做。但是如果有一個破壞者，那麼這份寧靜就會被打破。

上面是一個很好的例證，證明在一個社群中，所有的成員需要彼此合作才能達成一個共同的目標。

透過不斷地訓練，孩子們的抑制力在不斷地增強。他們當中的很多人為了不打破這個安靜的環境，即使鼻子上落了蒼蠅也不會去驅趕，還會克制自己打哈欠或咳嗽。

孩子們工作時也會避免弄出響聲，這也是他們集體合作精神的一種表現。

孩子們跑動時會盡量用腳尖跑，關閉櫥櫃或者放物品在桌子上時，也保持著一種輕拿輕放的優雅。

這種美好特質的養成需要所有人的積極配合，這樣他們

才能共同創造一個安靜、不被干擾的環境。但是，只要有一個背叛者，就會毀掉所有人努力的成果，走路發出聲音或者摔門，就足以打亂這個小集體所營造的寧靜氛圍。

第五章　感官訓練

第六章　語言及對世界的認知

第六章　語言及對世界的認知

　　聽覺之所以特別重要，是因為它與發音的感覺器官密切相關。我們訓練孩子們注意去聽周圍的各種聲音，讓孩子們學會辨識和區分聲音，都是在幫助孩子們更精確地留意語言這種聲音。

　　當老師跟孩子們講話時，她必須做到發音清晰、準確。哪怕她是在低聲講話，音量好像在跟孩子們講一個小祕密，她的發音也必須準確。

　　教孩子們唱歌也是一個幫助孩子們學習準確發音的好機會。老師在教孩子們唱歌時，要慢慢地發音，將其所說單字的音節拆開來讀。

　　想要讓孩子們進行清晰、準確的語音練習，一個很好的辦法就是進行感官訓練，即學會對物品進行命名。

　　在進行感官訓練時，孩子們先要辨識不同物品的差異，老師再用準確的語言描繪出這一差異。這樣，當孩子在搭建粉紅積木時，老師可以找一個合適的機會接近孩子，拿起兩個差異最大的積木給孩子看，並且告訴孩子：「這個是大，這個是小。」

　　「大」和「小」這兩個字要重複多次，並且要用非常清晰的發音反覆強調「這個是大的，大的，大的」、「這個是小的，小的，小的」，然後短暫地停頓一下。

接下來，為了了解孩子是否理解，老師可以用這樣的方式來測試：「給我大的那個，給我小的那個。」然後重複一遍：「給我大的，現在給我小的。」之後，再停頓一會。

最後，老師要指著積木，依次問：「這個是什麼樣的？」如果孩子已經掌握了所學內容，那麼他會正確地回答出「大」或「小」。然後，老師需要鼓勵孩子盡可能清晰、準確地重複這些詞。

老師：「這個是什麼樣的？」

孩子：「大的。」

老師：「這是什麼樣的？」

孩子：「大的。」

老師：「請清楚地告訴老師，這是什麼樣的？」

孩子：「大的。」

這裡所指的「大」、「小」的物品只有尺寸上的不同，而形狀上是完全相同的。也就是說，物品在立體結構上是相同的。

我們可以說：「這個房子是大的，那個小屋是小的。」如果我們用兩張尺寸不同但畫面相同的照片來進行比較，我們可以說這一張是另一張的「放大」。

第六章　語言及對世界的認知

　　而如果物品的長度保持不變，只是截面尺寸發生了變化，那麼物品就有了「粗」、「細」之分。對於兩個高度相同但是截面不同的物品，我們應該說其中一個是「粗的」，另一個是「細的」。

　　老師在課堂上教孩子們區分稜柱粗細的方法，與前面區分積木大小的方法類似，其方法可以分為以下三個階段。

　　第一階段：命名。「這個是粗的，這個是細的。」

　　第二階段：辨識。「給我粗的那個，給我細的那個。」

　　第三階段：詞的發音。問孩子們：「這是什麼樣的？」

　　有一種方法，可以幫助孩子們辨識物品尺寸上的差別，使孩子們能按照正確的順序擺放物品。

　　在上完我之前所描述的課程之後，老師可以把棕色稜柱散放在地毯上，然後跟孩子們說：「把最粗的那個給我。」之後，孩子們會把挑出來的稜柱放在桌子上。

　　接下來，老師再次讓孩子們從散落在地毯上的稜柱中找出最粗的那個，並且把孩子們挑出來的那個稜柱緊靠著之前的稜柱。按次序在桌子上擺好。

　　用這種方式，孩子們就會習慣性地在剩下的稜柱中尋找最粗的或者最細的。這也可以幫助他們學會按次序擺放物品。

當一個物品只有一個維度發生變化時，譬如木棒，當它在長度上發生變化時，我們可以說它是「長的」或「短的」。當它在高度上發生變化時，我們可以說它是「高的」或「矮的」。而當它在寬度方面發生變化時，我們就可以說它是「寬的」或「窄的」。

　　在物體的三種維度變化中，我們先選擇長度變化作為課程的基礎，並且我們通常會採用前面所提到的「三階段」方法來教授孩子們如何分辨物品間的差別，之後，我們會多次讓孩子們在一堆物品中選出「最長的」或者「最短的」。

　　這種方式可以幫助孩子們非常準確地使用詞彙。有一天，老師在黑板上用很細的線條畫格子，這時，一個孩子說：「看，多麼小的線啊！」「線不能用小，」另一個孩子糾正道，「線是細的！」

　　當老師要教孩子們顏色或者形狀的名稱時，他就沒有必要強調兩個物品之間的差異了。老師可以同時給出兩個或者兩個以上的名稱，比如「這個是紅色的」、「這個是藍色的」、「這個是黃色的」或者「這個是正方形的」、「這個是三角形的」、「這個是圓形的」。

　　但是，在進行按次序排列的練習時，假如這堂課是關於顏色教學的，那麼老師可以最先給出兩個極端的顏色──

第六章　語言及對世界的認知

「深色」、「淺色」，然後讓孩子們從中選出「最深的顏色」、「最淺的顏色」。

這裡提到的很多課程，我們都可以從教學影像中看到，比如：觸摸幾何圖形插片和不同的矩形板表面，沿線走，辨識顏色，命名積木和長棒，組合詞語，閱讀，寫作等等。

透過這些課程，孩子們會掌握很多字詞，譬如：大、小，粗、細，長、短，深、淺，粗糙、光滑，熱、冷，以及很多顏色和形狀的名稱。這些詞語雖然並不與具體事物相關聯，但是這會讓孩子在精神上有所收穫。

實際上，孩子們需要透過長時間的訓練才能掌握這些詞語，需要全神貫注在物體的差異上，不斷地比較、推理，得出自己的觀點，直到他們有了辨別能力。

總而言之，他們完善了自己的感覺，他們對事物的觀察是徹底而根本的，最終他們改變了自己。

之後，孩子們會發現自己可以用更敏銳的思想來觀察世界。他們對事物的觀察能力和辨別能力得到了極大的提高。

更重要的是，孩子們會發現，自己頭腦中所建立的畫面不再是雜亂無章的，而是分門別類的──形狀與維度區分開，維度的分類是根據維度變化的不同來組合的。

所有這些與等級次序的分類不同。顏色可以依照色彩的

飽和度進行劃分，安靜與喧譁存在差異，噪音與日常聲音不同，所有的事物都有它們準確、恰當的名字。

孩子們不僅因此培養了觀察力和辨別力，並且會根據頭腦中已經建立的秩序將他們所觀察到的事物進行分類，即把這些事物放在準確的分類中，讓它們擁有恰當的名字。

那些從事科學實驗的學生不也是用這樣的方式觀察外面世界的嗎？身處種類繁多的自然事物當中，他們會發現自己像一個從未受過教育的無知的人。但是與真正的無知者不同的是，他們具備特殊的觀察能力。

當他們用顯微鏡工作時，因為他們的雙眼接受過訓練，所以他們可以透過顯微鏡看到常人無法看到的更多細節。

如果他們是天文學家，當他們使用天文望遠鏡進行觀察時，對比那些滿懷好奇心的遊客或者業餘天文愛好者，他們可以看得更加清晰。

同樣的植物，放在植物學家和平常人面前所得到的描述也是不同的。植物學家在觀察植物特性時會特別留心觀察那些已經在自己頭腦中分門別類的植物的特性，並按照編排好的順序把所觀察到的和頭腦中已有的內容相對應，並給予其恰如其分的描述。

正是這種從複雜門類中辨識植物的能力，將植物學家和

第六章　語言及對世界的認知

平常人區分開來。也正是精確和科學的語言,把訓練有素的觀察者凸顯出來。

只有那些具備特殊觀察能力,並且掌握了對外部事物進行分門別類的能力的人,才會在科學方面有所發現。而缺乏秩序和沒有準備的人,則很難有所建樹,他們只會空做白日夢,在星光和日光下盲目地行走。

事實上,對孩子們來說,他們一直印象深刻的是:他們在這個世界中不斷去發現的過程帶給了他們極大的樂趣。

孩子們從這個世界上有條不紊地學習知識,而這些知識也激發了他們極大的熱情。他們的頭腦中不斷地被輸入「有序的傑作」而不是「雜亂無章的內容」,這使得他們的精神世界充滿了極大的喜悅。

第七章　自由

第七章　自由

孩子們能夠獲得這些成功，相當程度上與引導者有著密切的關係。

老師的引導是必要的，但是在這個過程中，老師又不能過於頻繁地參與其中。所以，對老師來說，他要時刻準備著為孩子們提供幫助，同時又要避免成為孩子們自由體驗過程中的絆腳石。

呆板枯燥的學習方法會讓孩子們的學習熱情冷卻。即使是成年人，在這種教學方法中學習，也會讓他的求知慾被凍結。

保護孩子們的求知慾並不是一件困難的事情，只要老師在對待孩子們時，保持尊重、平靜和耐心，在孩子們活動和體驗的過程中總是盡可能地給予孩子們自由，這樣孩子們的求知慾就可以很好地被保護了，而這才是真正意義上的引導。

然後，我們會發現，孩子們開始擁有積極探索、主動開拓的個性，他會選擇自己想要做的事情，並且會持之以恆，根據自己內在的需求改變所做的事情。他並不會因為困難而放棄努力，相反，他很願意深入問題，並且會很樂觀積極地依靠自己的能力去克服困難。

他擁有很好的社交能力，善於與每個人分享自己的成功

和發現，以及他所獲得的成就。作為教育者，我們無須對他進行不必要的干涉，「靜觀其變」是教育者的至理名言。

讓我們靜待，時刻保持準備好，去接受孩子們分享喜悅的心情或者是困難的經歷。當孩子們需要我們在情感上提供支持時，我們應該充分地給予他們積極的回應。

當他們進展緩慢時，我們要保持耐心；當他們獲得成功時，我們要與孩子們一同歡樂，表現出我們的熱忱。

當我們與孩子們相處時，我們尊重他們、禮貌地對待他們，我們對待他們的方式就好像自己期待別人對待我們的方式一樣。那麼這個時候，我們就可以確信，自己已經掌握了一項最基本的教育原則，並且，毋庸置疑的是，自己正在樹立一個好的教育榜樣。

我們希望自己在工作時不被打擾，這樣我們就可以更沒有阻力地努力工作；我們希望好朋友可以適時地給予我們幫助；我們希望朋友可以與我們同歡樂；我們希望被平等對待；我們希望與朋友可以互相信任，互訴衷腸——這一切都是愉快的夥伴關係所必需的。

同樣，我們期待的這些，孩子們也需要，他們也需要獲得尊重。同時，因為孩子們天真無邪，他們的未來擁有更多的可能性，所以從某種程度上來說，他們比我們更優越。我

第七章　自由

們渴望的，他們同樣渴望。

然而，在日常生活中，我們並沒有充分尊重孩子們。我們會嘗試去強迫他們服從於我們的要求而不是他們自己的需求。

我們面對孩子們的時候，顯得傲慢自大，甚至是粗魯無禮，然後我們卻希望孩子們順從且端莊有禮。

我們需要記住，模仿是孩子們的天性，他們無時無刻不在模仿。我們也要知道，孩子們是多麼欽佩我們、信任我們，這多麼讓人感動。

因此，在對待孩子們的時候，我們應該盡可能地仁慈體貼，這將有助於孩子們的成長。而仁慈體貼並不意味著愛撫。換作我們自己，第一次見面就擁抱我們的人，我們難道不會認為他們粗俗、無禮甚至是缺乏教養嗎？

真正的仁慈體貼是指了解別人的想法和願望，幫助對方實現其正當的願望，如果需要，甚至可以為此犧牲自己的願望。這才是我們要給予孩子們的仁慈體貼所包含的內容。

想要了解孩子們的願望，我們就必須用科學的方法了解他們，因為他們的願望往往是無意識的。孩子們的意願來自對生命內在的強烈訴求，只有根據某些特定的神祕法則才可以解讀。

我們對於這些神祕的法則知之甚少。但至少我們可以肯定的是，一個人從不存在到作為一個孩子出現，再從孩子成長為成人，都受到同樣的法則或者動力推動。

我們在孩子們的成長過程中只能發揮間接的干涉作用。孩子們來到這個世界上，我們能做的只是為他們提供成長的必需品，之後，我們能做的就是靜觀其變，帶著謙卑的態度等待他們成長。

讓我們帶著善意，任由孩子們自由自在地成長吧！讓我們退到一旁，靜靜觀察這一內在生命的成長過程吧！這些都是我們的職責所在。

或許當我們觀察時，會想起一段話：「由著他們吧，讓他們到我這裡來。」也就是說：「不要阻礙他們靠近我們，當他們感到自由自在、無拘無束的時候，他們自然會走向我們。」

第七章　自由

第八章　書寫

第八章　書寫

　　當孩子們完成前面介紹的全部訓練之後，他們就相當於已經為下一個學習階段做好了準備。他們將面臨新的、難以預料的挑戰，這時，他們大約 4 歲了。

　　他們不再是一無所知的孩子，而是已經透過自由成長獲得了各式各樣的經歷，所以他們擁有不同的性格特徵和智力水準。

　　這些不同並不完全是來自「天生的」，更與孩子們所獲得的機會密切相關，並且這逐漸幫他們形成了自己獨特的內在世界。

　　教育為孩子們營造了一個同樣的生活和學習環境。所以孩子們內在世界的個體差異幾乎可以歸因於孩子們天性的差異。

　　同時，環境為孩子們提供了可以滿足他們身心發展需求的方法和措施，由於這種環境的存在，孩子們獲得了基本相同的成長基礎。

　　他們在做家務的時候，學習了如何協調自己的動作，所以他們掌握了行為動作的獨立性和主動適應性。所有這些都會展現出孩子們的個性，孩子們會慢慢地成長為一個個能夠自力更生的「小大人」。

　　他們在拿取易碎物品時需要格外注意不要讓它們被碰

碎，挪動重物時要避免發出聲音。孩子們做這些事情的時候，因為動作需要小心謹慎，所以整個身體看起來很輕盈、優雅。

堅定的責任感可以讓孩子們逐漸達到完美的境界。例如，當他們一次拿著三、四個玻璃杯或者端著一碗熱湯時，他們知道，自己不僅僅要為這個物品負責，還要為整頓飯擔負起至關重要的責任。

同樣，每個孩子都會意識到自己需要對安靜的環境負責，他們需要保持安靜，避免刺耳的聲音出現。他們知道怎樣與其他人合作才能保持環境中的良好氛圍，讓環境不僅秩序井然，而且安寧平靜。誠然，我們的孩子們已經走在自我管理的道路上了。

事實上，孩子們的自我管理能力受更深層次的心理運作的影響，而這種心理運作的良好表現歸功於我們對其進行的感官訓練。此類訓練除了讓他們自身的外在個性變得穩定，還可以讓他們頭腦中的內在世界變得秩序井然。

實際上，我們在進行訓練時所使用的那些教具並不為孩子們的頭腦提供任何內容，而是為孩子們的頭腦提供一種組織秩序。

孩子們學會區分異同，學會在不同的等級中尋找差異，

第八章　書寫

並且按照特徵、數量、顏色、維度、形狀、聲音等複雜多樣的感知來進行歸類。

孩子們的頭腦在這些獨特的注意力訓練、觀察訓練、對比和歸類訓練中逐漸形成了自我意識。

透過這些訓練，孩子們可以培養出一種精神態度——在他們所處的環境中進行有序的觀察。這種觀察對孩子們來說非常有吸引力，就如探索新發現一般，刺激他們不斷地做下去，不斷地在頭腦中形成豐富的內容、清晰的想法。

現在，孩子們掌握的語言已經可以與表達頭腦中的想法所需要的準確詞彙達成一致了。這些詞彙並不多，也並不是用來指代單獨物體的，而是用以表示他們頭腦中已經形成的想法的秩序的。

以這種方式，孩子們可以在自然世界和物質世界中「發現自己」，也可以在圍繞他們的語言世界中不斷地發現自我。因為這時他們已經擁有了一個內心的嚮導，可以引導他們變得更加活躍，並且使他們充滿智慧地去探險，而不是在陌生的荒野上無知地遊蕩。

有些孩子會在很短的時間內學會寫字和進行初步的數學運算。有很多人相信大部分人都能做到這一點，但事實並非如此。並不是我們把寫字的工具交給那些沒有準備的孩子，

然後坐等奇蹟出現這麼簡單。事實是，孩子們的頭腦和手已經為書寫做好了充分的準備，並且，運算所需的數量、特性、差異和等級的概念也已經被孩子們熟記於心。

也許有人會說，孩子們所有的前期教育都是為了替基礎文化教育的第一階段——書寫、閱讀、算數做準備。這些知識經過一定準備之後，就會自然而然地、很容易且合理地得到。也就是說，知識是準備的自然產物。

我們知道，學習詞彙是為了更好地表達想法和促進我們對事物的基本理解。同樣，頭腦中汲取的內容非常複雜，而書寫和算數能夠將其變得有條理。隨著觀察的持續，頭腦中的內容會變得越來越豐富。

可以肯定的是，孩子們的雙手已經為書寫做足了準備。透過不斷地進行感官練習，在完成練習和進行活動的過程中，孩子們的手與腦在不斷地配合，這是他們在為將來做某些事而做的準備。

當孩子們學會輕輕地觸摸物體的表面，來感受粗糙或光滑的時候，當孩子們拿起圓柱體插件並把它們插入插孔裡的時候，當孩子們用兩根手指觸摸和描畫幾何圖形的輪廓時，他們其實都是在協調、訓練自己的動作。

現在，孩子們已經做好了準備，並迫不及待地想用他們

第八章　書寫

的雙手來進行書寫 —— 這是一個令人著迷且需要具備綜合能力的活動。

對書寫來說，孩子們最需要的準備還是針對雙手活動能力的訓練。我們準備了兩套區別很大的練習，之所以準備這兩套練習，是因為我們分析了與書寫活動密切相關的動作，我們將這些動作分開，據此準備了這兩套練習。

當我們書寫時，有一部分動作是專門用來控制書寫工具的。這種動作通常來說帶有個性化的特徵。也正是因為如此，人的筆跡才能被辨認。某些醫療案例顯示，一個人筆跡的改變可以追溯到其神經系統的改變。在現實生活中，心理學家還可以透過一個人的筆跡來解讀這個人的性格。

除此之外，書寫還具有一個普遍特徵，那就是它與字母符號的外形有關。當一個人書寫時，他會將書寫的動作與字母符號的外形結合，即將書寫工具的動作與書寫字母的外形相協調。但是，這兩個部分就如一個產品的不同部分，我們是可以將其分開來為書寫做好準備的。

【控制書寫工具的訓練】

（個別部分）

在我們的教具中，有兩塊淺凹槽木板，每塊木板上有 5 個正方體金屬框架，它們被塗成了粉紅色。每一個框架中插

入了一個藍色金屬幾何圖形,類似於我們前面提到的幾何圖形木板 —— 每個藍色金屬幾何圖形上都有一個小的按鈕作為把手。

除了使用這個教具,我們還使用一個裝有 10 支彩色鉛筆的盒子和一本小小的圖案書。這本圖案書是我們對孩子們進行 5 年的觀察之後的研究成果。根據孩子們的需求,我們對圖案進行了篩選和分級。

兩塊淺凹槽木板並排放置,在它們上面是 10 個金屬框架及 10 個完整的金屬幾何圖形插片。也就是說,這些金屬框架的中間是鏤空的,鏤空的形狀與幾何圖形插片一致,使幾何圖形插片能放入其中。(見圖 30)

圖 30　淺凹槽木板上的金屬框架和幾何圖形

給孩子一張白紙和裝有 10 支彩色鉛筆的盒子。然後,讓孩子從 10 個金屬框架中選擇一個,這些金屬框架已經排在一

第八章　書寫

　　條能吸引孩子注意力的直線上，放在離他不遠的地方。然後我們可以按這樣的方式來指導孩子。

　　讓孩子將金屬框架放在紙張上面，一隻手用力地按住它，隨後，用彩色鉛筆繞著框架內緣的幾何圖形輪廓描畫。

　　然後他再把金屬框架拿起來，此時，他會發現他已經在紙上畫了各式各樣的幾何圖形，比如三角形、圓形、六邊形等。

　　孩子們實際上並不是進行了一項新的訓練，因為他們在之前觸摸幾何圖形木板輪廓時早已做過上面的動作。

　　這項訓練的特色就是孩子們不再用他們的手去觸摸輪廓的邊緣，而是透過鉛筆這一媒介。也就是說，孩子們在做繪製活動的同時，留下了繪製活動的痕跡。

　　孩子們發現這項練習簡單易做，且趣味十足。而且，當他們成功繪製出第一個輪廓時，他們會把與之相對應的藍色金屬幾何圖形插片放置在這個繪製的輪廓上。

　　這項練習與他們之前將幾何圖形木板放置在第三列卡片上的練習極為相似 —— 在那項練習中涉及的圖形也僅有一根簡單的線條。

　　然而這次有所不同的是，孩子們將藍色金屬幾何圖形插片放在已經畫好的輪廓上面後，他們需要拿起一支另一種顏

色的鉛筆，將這個藍色金屬幾何圖形的輪廓描繪出來。

當他們拿起這個幾何圖形之後，如果孩子們畫得不錯，他們會發現紙上出現了一個一樣的幾何圖形，且它的輪廓是有兩種顏色的。如果這兩種顏色選擇得恰當，畫出來的圖形會非常吸引人。對接受過色彩感知教育的孩子們來說，他們會對此非常著迷。

這些看起來微不足道的細節，實際上都是非常重要的。例如，如果我們不把 10 個金屬幾何圖形擺成一排展示給孩子們，而是讓老師分散地發給孩子們，那麼孩子們的訓練就會受到一定的限制。

另外，這些金屬擺放在孩子們的眼前，會讓孩子們產生一種渴望，即想把它們逐一畫完，這樣練習的次數也就隨之增加了。

兩種不同顏色的輪廓會激發孩子們去嘗試不同顏色的組合，這樣會促使孩子們繼續重複做這個練習。所以，物品的多樣性和顏色的使用是激勵孩子們多做練習的重要誘因，這些也是引導孩子們最終走向成功的重要因素。

這些活動實際上都是為書寫做準備的。當孩子們畫完雙輪廓圖形之後，他們拿鉛筆的方式就很像「握著筆在寫字」的樣子了。他們上上下下地畫線，直到線條塗滿整個圖形。

第八章　書寫

　　用這種方式，一個清楚的被填滿的圖形就被留在了紙上，它與第一組卡片上的圖形非常接近了。圖形的顏色可以是 10 種顏色中的任意一種。

　　最初孩子們填充圖形的時候會顯得非常笨拙，他們不會考慮輪廓線，因此填充線會畫得非常重，並且不會保持線的平行。但是，慢慢地，孩子們的畫畫水準就逐漸提高了，他們會將填充線保持在輪廓線內，畫線的數量也增加了，變得更細，並且彼此平行。

　　當孩子們開始這些練習之後，他們就會非常有興趣地繼續下去，他們會不知疲倦地畫這些圖形的輪廓線並填充圖形。每個孩子都擁有了相當數量的作品，他們對自己的作品非常重視，會將它們放到小抽屜裡珍藏。

　　透過這種方式，孩子們在書寫方面受到了有組織的訓練，這會幫助孩子們學會控制自己手中的筆。這樣的書寫訓練方法，遠比令人厭倦的筆畫練習或者費力又無趣的書寫嘗試要有趣得多。

　　這項訓練的設計最初是用一塊金屬作為引導的，是粗獷且不完善的。然而孩子們仍然獲得了進步，現在他們可以開始新的練習，即填充小圖案書中為他們預先設計好的圖案。

　　一定要按照預先安排好的次序逐張取下書中的書頁，之

後，讓孩子們用彩色鉛筆，按照之前的練習方式來填充這些事先安排好的設計圖案。

在這個練習裡，如何選擇顏色也是考驗孩子智力的地方，同樣也是鼓勵孩子多做練習的一種方式。孩子們會自行選擇顏色，並且樂在其中。孩子們在這些設計圖案中選擇的顏色精美，並且色調和諧，這證明孩子們受到的教育非常有成效。

這是我們透過觀察那些沒有接受過合適的教育，被丟棄在粗暴、嚴苛的環境中成長的孩子們所獲得的結果。

可以說，色彩上的感知教育是孩子們這一階段成長的有力槓桿，發揮了重要的調節作用，這會讓孩子們擁有更堅定、清晰且美觀的筆跡。

在孩子們所做的填充練習中，我們在很多方面都給出了限制和標準，這可以規範他們寫字的筆畫長度。孩子們填充的這些或大或小的幾何圖形，有街道、花朵、葉子，以及各式各樣的動物和風景畫。

透過這種方式，孩子們的手慢慢學會了控制和適應，不僅可以完成一般的日常基本動作，還可以在諸多限制中完美地做出各種動作。

此時，孩子們正在為書寫大小不同的字型做準備。而不

第八章　書寫

久之後，孩子們不僅可以在黑板上的寬格中寫字，還可以在練習本的窄格中自如地寫字，當然，這通常是較大的孩子才會涉及的。

孩子們做填充畫圖的練習次數是沒有限制的。他們會經常拿出另一種顏色的鉛筆，在已經填充顏色的圖形輪廓上再畫上幾筆。

在這項訓練的延展中，可以為孩子提供進一步的色彩感官練習，他們可以在同樣的設計圖案中用水彩進行填圖。

之後，孩子們可以嘗試自己調顏色，直到可以參照物品本身的顏色進行著色，或者調配自己想像中的精美色彩。由於本書篇幅有限，我無法將這些細節一一盡述。

【書寫字母符號的練習】

在教具中，有很多裡面放著不同字母符號的盒子。這次的訓練，我們將把這些表面光滑的卡片從中取出，在卡片上面黏上由砂紙製成的字母。（見圖 31）

圖 31　單獨的由砂紙製成的字母

還有一些大的卡片，上面貼有幾個字母，這些字母根據外形的相似度被分組貼在同一張卡片上。（見圖 32）

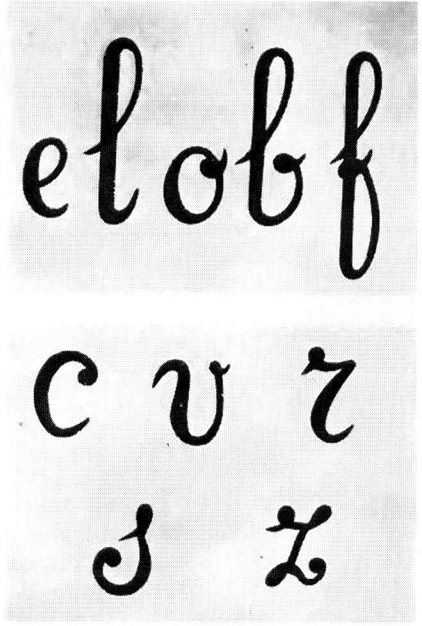

圖 32　一組由砂紙製成的相似字母

第八章　書寫

孩子們要像書寫這些字母一樣,去觸摸整個字母符號。他們會像之前觸摸木質插件一樣,用食指和中指去觸摸這些字母符號,並且當他們碰到光滑或者粗糙的表面時要抬起手。

老師會先示範要用怎樣的方式沿著字母筆畫順序觸摸,孩子們如果之前已經在木質插件中進行了大量練習,此時就會輕鬆愉快地模仿老師的動作。如果沒有之前的訓練準備,孩子們可能很難準確地按著字母的筆畫透過觸摸的方式「書寫」它們。

有趣的是,我們如果仔細地觀察這些沒有經過訓練的孩子,就會發現,之前為了書寫做準備的手部動作訓練是多麼重要。同時,我們也要意識到,如果沒有讓孩子們進行書寫的預備訓練,而直接讓他們書寫,會對他們帶來很大的壓力。

孩子們在觸摸磨砂字母時表現出濃厚的興趣。之前孩子們在觸覺練習中已經獲得了與書寫相關的能力,而這項練習剛好可以讓孩子們學有所用,將之前習得的內容透過這項訓練來獲得新的成果。

當孩子們觸摸一個字母時,老師要在旁邊準確地讀出這個字母,並且使用前面提到的「三階段」練習法。以 i 和 o 兩

個元音字母為例,老師要讓孩子們緩慢並準確地觸摸這兩個字母,並且在孩子們觸摸字母時,一個接一個地重複讀出相應的字母:「i,i,i!o,o,o!」然後老師需要跟孩子們說:「把字母i給我!」「把字母o給我!」最終,老師會問孩子們:「這個是什麼?」孩子們就會回答「i」或「o」。對於其他字母,老師可以用同樣的方法指導孩子們進行練習。

這意味著對於子音字母的學習,老師也只須給出相應字母的發音,而不是這些子音字母的名稱。之後,孩子們可以繼續觸摸這些字母,既可以觸摸單張卡片,也可以觸摸大卡片上成組的字母,這樣孩子們就能慢慢掌握書寫字母符號所需要的基本動作筆畫。同時,他們還記住了這些字母的外形。

這個練習過程本身就是一個準備工作,不僅僅是為書寫活動做準備,也是為之後的閱讀活動做準備。因為很顯然,當孩子們觸摸這些字母時,他們的手部動作和書寫是一致的,同時,他們又從視覺角度認識了這些字母,這表示他們在閱讀字母。

因此,孩子們已經透過這些訓練為書寫活動做足了準備工作——他們可以書寫了。這個重要的里程碑源自孩子們長期做與寫字活動相關的訓練,雖然孩子們並不自知,但在不

第八章　書寫

久的將來，某一天，當孩子們發現自己會寫字了，這會讓他們驚奇萬分。無心插柳柳成蔭──孩子們似乎未曾播種，卻在此時獲得了龐大的收穫。

在練習中，我們還需要使用活動字母表。活動字母表是用紅色和藍色的硬紙板製成的。它們被放在一個特殊的盒子裡，盒子帶有隔斷，這是用於詞彙組合的教具。（見圖33）

有些語言，就像義大利語，它的語音是音形對應的，很多時候只要能清楚地發出組成一個詞的幾個字母的音（比如mano這個詞），就可以了。

孩子們的耳朵受過訓練，可以一一辨識出組成這個單字的不同字母的發音。然後他們會看著活動字母表，從中找出與單字的每個音相對應的字母來，並把這些字母一個一個排序，直到排列成一個單字（比如mano）。

漸漸地，他們可以按照同樣的方式處理自己心中所想的單字了，他們可以先將這些單字分解成構成單字的不同單音，然後再將這些音節所代表的字母組合成單字。

孩子們一旦可以用這種方式組合單字，那麼他們也就會知道如何閱讀。因此，這種方式不僅能幫助孩子們學會書寫，還能幫助孩子們學會閱讀。

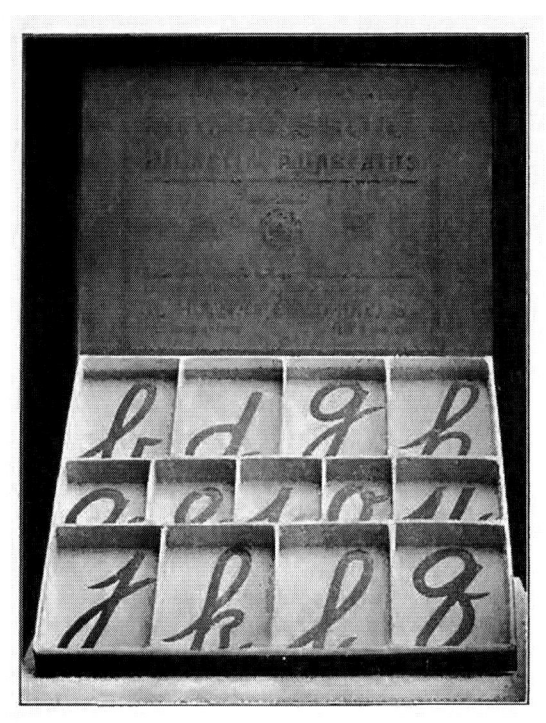

圖33 可移動的字母盒子

　　如果語言不是音形對應的,那麼老師可以用活動字母表組成獨立的單字,然後讀出字母的發音,讓孩子們不斷地排列字母,反覆讀出單字。

　　在教具中,有兩套活動字母表,其中一套是較大的字母,分別被放在兩個不同的盒子裡,每個盒子裡都裝有母音字母。

第八章　書寫

這是用來做第一項練習的。在這項練習中，孩子們需要較大的字母去辨識出單字。當孩子們熟悉一半的子音字母後，他們就可以組合這些單字，儘管實際上他們僅掌握了一小部分字母。

還有一套是較小的字母，只裝在一個盒子裡。當孩子們已經熟悉所有字母，並且開始嘗試組合單字時，老師就可以讓他們使用這個盒子裡的字母了。

在用這些活動字母表練習了一段時間後，孩子們就可以書寫整個的單字了。這種現象是令人出乎意料的，一個從未在紙上描圖或者書寫字母的孩子竟然可以連貫地寫出幾個單字。

從那一刻起，孩子們就會不斷地寫下去，並且不斷地完善自己的寫字能力。這種經過訓練而獲得的自發的書寫能力，就像自然現象的特徵一樣存在。

孩子們寫了第一個單字之後，就變得一發不可收拾。就像他們一旦學會走路，就會繼續邁步，一直走下去一樣。孩子們會以同樣的方式繼續寫下去。

孩子們的書寫進程與內在發展同步，會影響其自身未來的成長，這有助於讓孩子們在成長過程中進行自我完善。以這種方式培養的孩子們，就相當於進入了一個順利的自然發

展進程。就如孩子們的生命一經形成，身體的成長和自然的屬性就必然會發揮其功能，這些都是必然的事情。

對於孩子們書寫和閱讀能力的培養是複雜且有趣的，這些可以參考我撰寫的其他內容更豐富的書。

第八章　書寫

第九章　識記樂譜

第九章　識記樂譜

當孩子們學會如何閱讀之後，他們就可以將學會的本領加以應用，譬如學習識記樂譜。

在感官訓練的教具中，那一系列的樂鐘可以作為識記樂譜的入門工具。為此，我們可以先準備一塊不是很長的木板，並在上面塗上淺綠色。之後，在這塊木板上，用黑色顏料畫出五線譜，然後在每條線上以及線與線之間的空白處刻一些小圓孔，小圓孔上面標記上對應的高音譜號的名稱。還有可以剛好嵌在刻好的小圓孔裡的白色小圓片。每一個小圓片上標記著音符的名稱（do、re、mi、fa、sol、la、si、do）。

孩子們要根據小圓片上標記的名字，將小圓片正確地放在木板上對應的小圓孔中，帶音符名稱的那一面要朝上，然後讀出這些音符的名稱。孩子們完全可以自己完成這項訓練，並能透過這個方式了解每個音符在五線譜上的位置。

孩子們還可以做另一項訓練，那就是將寫著音符名稱的小圓片放在與之對應的樂鐘的長方形基座上。在這項感官訓練中，孩子們可以學會用耳朵分辨不同樂鐘所發出的聲音。

順利完成這項練習後，我們再來看另一塊綠色的木板，這塊木板需要比之前的長一些，上面同樣刻著五線譜，但是沒有凹痕，也沒有標示符號。

我們可以製作一定數量的小圓片，一側寫著音符名稱，

孩子們可以任意選擇和擺放。

　　孩子隨意拿起一個小圓片，讀它上面的音符名稱，並且將標有音符名稱的一面朝下，擺放在五線譜上，這樣，小圓片白色的一面就露在上面了。

　　在孩子們不斷重複這項練習的過程中，我們要允許他們在同一條線上或線與線之間放若干個小圓片。當他們完成上面的步驟之後，就可以將這些小圓片翻轉過來，這樣，小圓片帶著名字的那一面就露在上面了，這時，孩子們可以自行糾錯。孩子們學習完高音譜號之後，再繼續學習低音譜號就容易多了。

　　我們可以在上述練習中的五線譜之外再增加一個類似的五線譜，並且讓它如圖 34 所示的樣子，被放置在與第一個五線譜平行的位置上。

圖 34　五線譜

第九章　識記樂譜

孩子們將小圓片放在木板上,從 do 開始,按升序 do、re、mi、fa、sol、la、si、do,將它們放在正確的位置上,直到完成一個八度音階。

然後,孩子們用同樣的方式在這塊五線譜板上繼續擺放小圓片,這次是降序排列。在放的時候要靠右邊放,這樣就能最終形成一個角。

接下來,孩子們繼續按降序 si、la、sol、fa、mi、re、do 和升序 do、re、mi、fa、sol、la、si,在下一個五線譜中擺放小圓片,但是與原來擺放的方向相反(朝左)。這樣孩子們所擺放的低音音符就形成了另一個角。最終,他們擺放的小圓片就形成了一個菱形,即一個「音符菱形」。(見圖 35～圖 40)

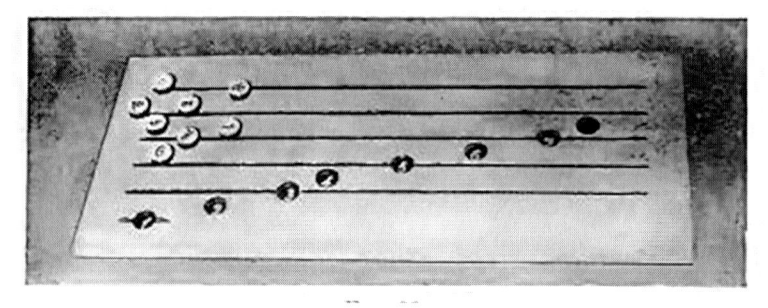

圖 35

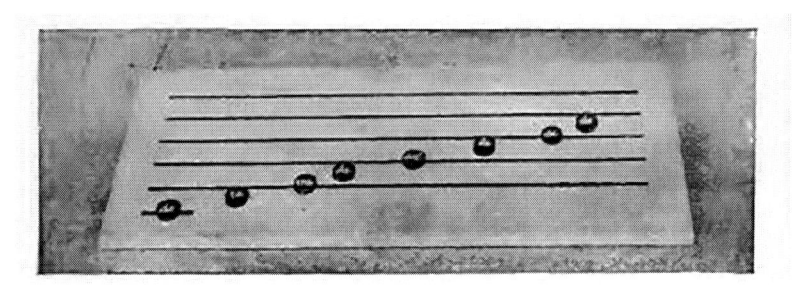

圖 36

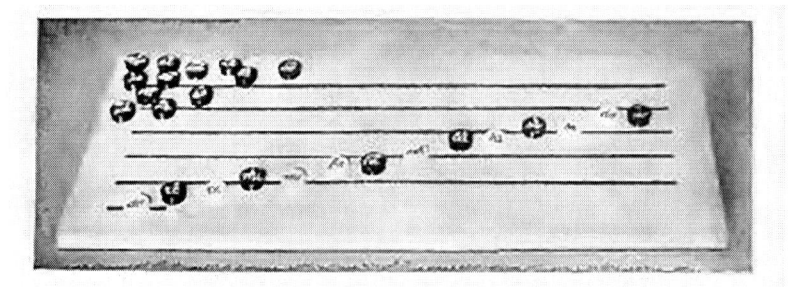

圖 37

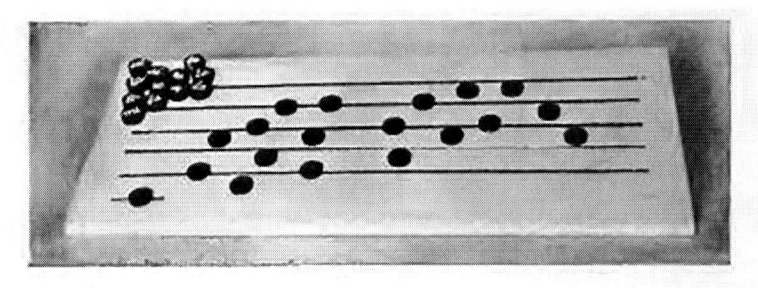

圖 38

第九章　識記樂譜

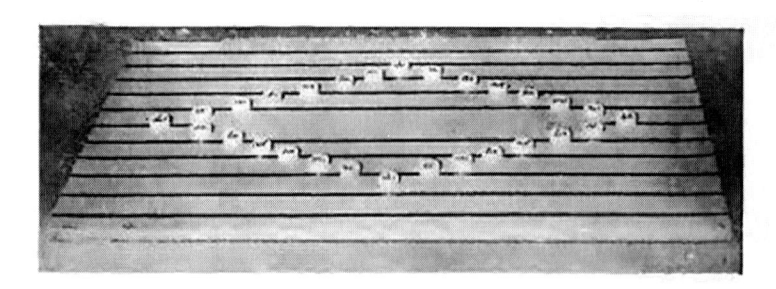

圖 39

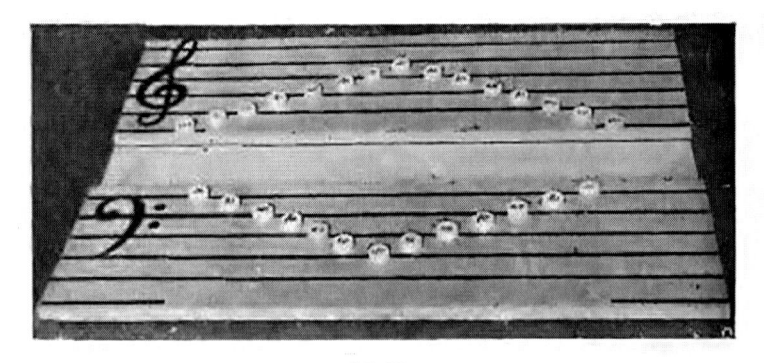

圖 40

　　當小圓片按照這種方式被擺放好後，上面的五線譜就和下面的五線譜區分開了。在下面的五線譜中，音符是按低音符號來進行排列的。

　　孩子們已經對音符所代表的聲音非常熟悉，所以，用這種方式，孩子們可以將聲音和眼前所見的音符連繫起來，這樣孩子們就能辨識五線譜最基本的要素了。

在實踐中，最初應用這個知識的時候，我們學校引入了一個微型鋼琴鍵盤模型，它的構成雖然很簡單，但還是具備了這個樂器的基本特徵，讓孩子們能有一個可見的感官認知。

這個鋼琴模型包含兩個八度音階，琴鍵很小，這樣更適合4～5歲孩子的小手。這個改變非常必要，因為通常來說，鋼琴是根據成人手指大小而設計的。除此之外，琴鍵所有的機械裝置都是清晰可見的。（見圖41）

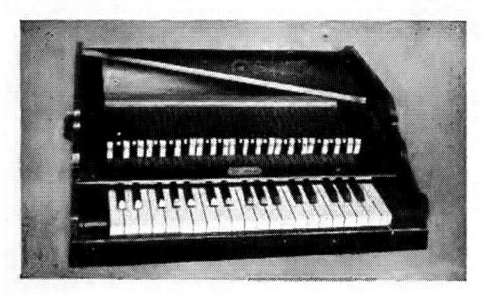

圖41　鋼琴模型

第九章　識記樂譜

　　當孩子們敲擊琴鍵的時候，我們可以看見鋼琴的音錘開啟，而音錘上刻著音符的名字。為了方便孩子們識別，音錘也被做成白色和黑色相間的樣式。

　　透過這個教具，孩子們可以非常輕鬆自如地獨自進行練習。他們能很容易地在鋼琴鍵盤模型的琴鍵上找到與樂譜相對應的音符，並且可以根據彈奏鋼琴時所需要的手指運動進行演奏。

　　這個鍵盤在彈奏時本身是沒有聲音的，於是我們就將一組類似於管風琴風管的諧振管放置在鍵盤表面，這樣當孩子們敲擊琴鍵時，琴鍵帶動音錘，音錘就能發出對應的音符所代表的聲音。這樣孩子們就可以繼續進行音符樂音控制的練習了。

第十章 算術

第十章　算術

關於算術，孩子們擁有很多必要的本能知識，這些知識本身就是孩子們對學習算術的一種準備，也為孩子們對計算形成清晰的概念奠定了基礎。

更長、更短、更暗、更亮，這種辨識特徵和辨別差異的訓練是感官訓練中實際技巧設計的一部分。而數量的概念已經在感官訓練階段所使用的教具中有所展現了。在做算術練習時，孩子們最初是從物體的特徵辨識開始的，然後開始進行相似物品的分級、順序排列練習。

我想特別強調的是圓柱體插件的訓練，2歲半的孩子都可以完成這項訓練。如果孩子錯誤地將圓柱體放到一個明顯過大的插孔中，那麼就會剩下一個圓柱體沒有地方放，這時，他會憑藉本能不斷地去想，為什麼會剩下一個多餘的圓柱體找不到自己的位置呢？

我想說明的是，也許孩子們的頭腦還沒有為那些老師急切給出的數字的基本概念做好準備，但是孩子們卻可以透過循序漸進的練習和一個相對緩慢的過程進行自我培養。

如果想直接進入算術教學，我們必須藉助感觀訓練時使用的教具來完成。

讓我們看看立體插件練習之後我們向孩子們展示的三

組教具，它們分別是：教孩子認識大小的教具（粉紅色的立方體，見圖9），教孩子認識厚度的教具（棕色長方體，見圖11），教孩子認識長度的教具（綠色或紅藍相間顏色的長棒，見圖12）。

每個系列的10件教具之間都存在一定的連繫。

在教孩子們認識長度的教具中，最短的那根長棒是其他長棒的基礎測量單位，第二根長棒的長度是第一根長棒長度的2倍，第三根長棒的長度是第一根長棒長度的3倍，以此類推。這樣一來，雖然每根長棒增長了10公分，但其他維度的尺寸保持不變，即所有長棒的截面一致。

這些長棒之間保持著一定的連繫，這種連繫與數字的自然序列1、2、3、4、5、6、7、8、9、10相同。

第二組教具是幫助孩子認知物品厚度的，長方體的長度保持不變，但是長方體的正方形切面會發生變化。正方形切面的邊長隨著自然計數的序列而發生變化。例如，第一個長方體的正方形切面的邊長是1公分，第二個長方體的正方形切面的邊長是2公分，第三個長方體的正方形切面的邊長是3公分，以此類推，第十個長方體的正方形切面的邊長是10公分。

第十章　算術

　　因此，長方體之間的比例與平方數序列是相同的（1，4，9，等等）。第一個長方體的邊長是 1 公分，那麼 4 個這樣的長方體可以構成邊長為 2 公分的第二個長方體；9 個這樣的長方體，可以構成邊長為 3 公分的第三個長方體，以此類推。因此，這組用於幫助孩子們認知厚度的教具，具有以下的比例關係──1：4：9：16：25：36：49：64：81：100。

　　粉紅色立方體的邊長是根據數字排列順序遞增的，例如，第一個立方體的邊長是 1 公分，第二個立方體的邊長是 2 公分，第三個立方體的邊長是 3 公分，以此類推，第十個立方體的邊長是 10 公分。因此，這些立方體之間的體積關係是從 1 到 10 的立方乘積之比，即 1：8：27：64：125：216：343：512：729：1000。

　　實際上，8 個邊長為 1 公分的第一個粉紅色立方體可以組成 1 個邊長為 2 公分的第二個粉紅色立方體，27 個邊長為 1 公分的第一個粉紅色立方體，可以組成邊長為 3 公分的第三個粉紅色立方體等等。

　　孩子們天生就有對事物進行區分的能力，他們能意識到粉紅色立方體的相關練習是三套練習中最容易的，而綠色長棒的相關練習則是最難的。

　　當我們開始用長棒教具進行算術教學的時候，我們要選

擇比較長的木棒，但是需要對它們進行一些改動。比如，將它們分成 10 個部分，每個部分的長度均為 10 公分，並且要把這些長棒塗成綠色或藍紅相間顏色的樣子。譬如，對於是第一根長棒的 4 倍長度的長棒，要讓孩子們很容易看出它是由 4 根相同長度的木棒構成的，它們呈現紅藍相間的顏色，其他的木棒也都如此。

　　當我們將這些長棒按順序擺好之後，我們就可以教孩子們計數了，讓孩子們邊 1、2、3 地數數邊用手點著這些長棒。然後，為了讓他們獲得清晰的計數概念，我們還會使用前面提到的「三階段」方法，讓孩子們從單個的小木棒開始辨識。（見圖 42）

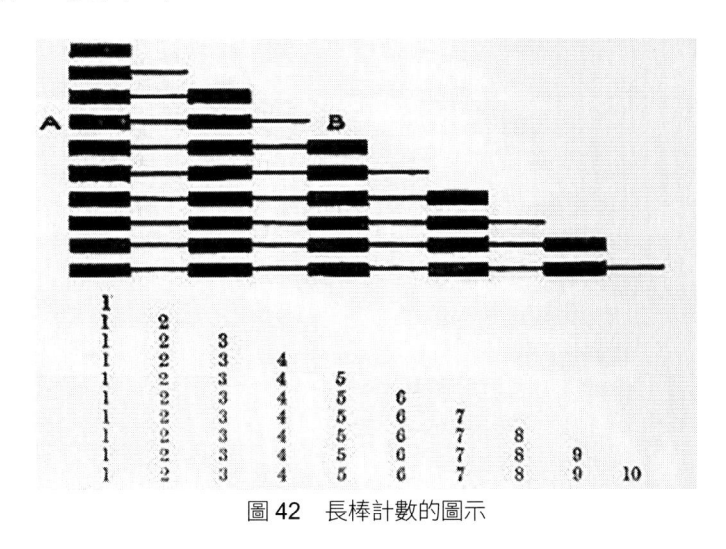

圖 42　長棒計數的圖示

第十章　算術

　　我們在孩子們面前擺放好三根木棒,指著它們,或者依次將木棒握在手中,為了讓孩子們更容易理解,我們可以詳細地講解:「這是 1 個。」、「這是 2 個。」、「這是 3 個。」

　　為了幫助孩子們對數字有一個清晰的認知,我們要指著每根木棒的分割線來數數,一邊數,一邊跟孩子們確認:「1,2,這是 2。」「1,2,3,這是 3。」然後我們跟孩子們說:「把 1 給我。」、「把 2 給我。」、「把 3 給我。」接下來,我們要向孩子們提問,指著其中的一根木棒(木棒是 3),問孩子:「這是幾?」這時,孩子會回答:「這是 3。」然後我們一起跟孩子們數:「1,2,3。」

　　我們可以用同樣的方法按順序教孩子們計數,根據孩子們的表現,每次在原有的基礎上增加一根或者兩根木棒。

　　這個教具的最大價值在於,它可以清晰且直覺地為孩子們呈現出「數」的概念。因為它將「數」這個概念和一個真實存在的物體結合在了一起。當我們說一個人是百萬富翁時,我們的意思是,他擁有的財富可以用「100 萬」這個價值衡量單位來衡量。所以,如果我們在數字 8 的基礎上加上 7,也就是在一個數的基礎上加上另一個數,那麼一定是因為這些數都可以用同樣的衡量單位來代表。

同樣，當孩子們向我們示範 9 這個數的時候，他們的手裡拿了一根木棒，這根木棒本身是完整的、不易彎曲的，它是由用於計數的 9 根同等長度的小木棒組成的。

　　當孩子們計算「8 ＋ 2」這個加法的時候，他們會將兩根木棒連接好擺放在一起，其中一根木棒是由 8 根同等長度的小木棒組成的，另外一根木棒是由 2 根同等長度的小木棒組成的。

　　然而，在一些普通的學校裡，老師在教孩子們計數時，為了讓計數更簡單，他們會給孩子們不同的物品，比如豆子或者彈力球。在涉及剛才我們提到的「8 ＋ 2」這個計算時，老師會讓孩子們先拿出 8 個彈力球，然後再添加 2 個彈力球，雖然最終得到的計算結果是一致的，但是在孩子們的頭腦中，他們並不是把數字 8 和 2 加在了一起，而是進行了一次 1 ＋ 1 ＋ 1 ＋ 1 ＋ 1 ＋ 1 ＋ 1 ＋ 1 和 1 ＋ 1 的運算。

　　這個計數方式對孩子們來說並不是十分清晰，孩子們還需要努力記住這個概念：8 個彈力球是作為一個整體，對應一個數字「8」。

　　上述的計數方式，會阻礙孩子們在數字理解方面的進步，時間可能會是幾個月，甚至是數年。

第十章　算術

　　幫助孩子們認識長度的教具，在教孩子們 10 以內的加減法的時候也可以使用，而且會讓過程變得非常簡單。讓孩子們擺放木棒，這會讓孩子們的學習變得更加有趣味性。具體可以這樣做：讓孩子們先把木棒按正確順序擺好（長度依次遞減）。然後，讓他們將最後一根小木棒 1 拿起放在 9 旁邊，接著讓他們把 2 拿起放到 8 旁邊，以此類推，直到剩下 5 為止。

　　這個簡單的遊戲展示了 10 以內的加法運算：9 ＋ 1，8 ＋ 2，7 ＋ 3，6 ＋ 4。當孩子們要把小木棒放回原位的時候，他們必須先將 4 拿走，並且將它放在 5 的下面，然後依次拿走 3、2、1。在此期間，孩子們不僅將小木棒再次放回了原位，還進行了一系列減法運算：10 － 4，10 － 3，10 － 2，10 － 1。

　　教孩子們數字的應用和運算，代表著孩子們在木棒遊戲中使用獨立單位進行計算的一個進步。

　　當孩子們掌握了這些數字後，他們就可以在抽象領域裡運用這些數字。當然，這些抽象的數字是透過之前那些具體的小木棒練習掌握的。也就是說，數字代表一定數量的獨立單位，並且可以組成一個整體。可以這樣說，語言的綜合功

能和它為人類智慧所開啟的廣闊領域和收穫的豐碩成果都可以透過數字來展示。而現在這些數字可以代替木棒了。

現有的木棒會將算術的範圍限制在 10 以內或者數字稍大一點的簡單運算中,並且對孩子們的思維建構來說,這些運算與簡單的初級感知教育相比只稍微進步了一點點。

數字本身也是一種語言,一個圖形符號,它能使人的數學思維在其進化的過程中獲得無限的進步。

接下來我們使用的教具是一盒光滑的卡片,上面黏著 1～9 的數字,這些數字由砂紙製成。這與之前黏有砂紙的字母卡片類似。我們採用的教學方法也與之前的類似:孩子們一邊用手指順著數字書寫的方向觸摸數字,一邊在觸摸的同時唸出數字的名稱。

在這樣的教學中,孩子們要做的事情比較多,老師會向他們做示範。孩子們能看到老師如何將每一個數字放到與它們相對應的木棒上面。當所有的數字都以這樣的方式被掌握之後,孩子們最先要做的練習就是把數字卡片放在按照階梯順序擺放好的木棒上面。這樣擺放好之後,整個教學過程就變得連貫且有條不紊了。孩子們會樂在其中,並且也願意花長時間重複這個智力遊戲。

第十章　算術

　　在這個練習之後,我們會讓孩子們進行「自由」練習。因為他們已經掌握了一些數字,並且知道如何使用數字,以及如何將學習到的這些數字組合在一起。

　　為了達到這樣的目的,我們還準備了一套木棒教具。同時,我們還會替孩子們準備各式各樣的小物件,比如木釘、小積木、籌碼等。

　　練習的內容是在數字的對面放上與數字對應數目的木棒。孩子們在進行這項訓練的時候,可以使用教具中的計數盒子來做這個練習。(見圖 43)

圖 43　計數盒子

　　這個盒子裡有很多小格子,小格子的內側寫著數字,孩子們會將與數字等量的木棒放入相應的小格子裡。還有一個練習是將所有數字卡片放在桌子上面,然後將與數字對應數

144

目的積木、籌碼等放在數字的下面。

　　以上這些練習只是第一步，是初級階段的內容，後續更複雜的關於數字運算方面的內容，請參閱我撰寫的其他相關內容的書。接下來，我們看一下那個裝著木棒的盒子。在放有木釘的盒子裡，有一個小格子上面印著 0 這個數字。這個格子裡什麼都不可以放，然後我們從 1 開始計數。

　　0 代表什麼都沒有，但是將它放在 1 的旁邊，就可以讓我們在計數超過 9 之後，繼續數下去到 10。接著可以數到 20、30、40、50、60、70、80、90。

　　在下面這個教具中，我們有一些框架，這些框架裡有一些卡片，我們在卡片上面印著從 10 到 90 的整位數字（見圖 44）。

　　這些數字被固定在框架上，數字 1 到 9 可以滑動遮住數字 0。數字 10 的 0 被 1 遮住，就會顯示出數字 11。如果數字 10 的 0 被 2 遮住，就會顯示出數字 12。以此類推，直到最後一個數字 9。然後，我們轉到數字 20（第二個 10），我們可以用這種方式從 10 數到 99。

　　剛開始用卡片練習組合這些數的時候，我們可以使用小木棒來練習。我們先從框架的第一個 10 開始，即先拿木棒

145

第十章　算術

10。然後我們將木棒 1 放到木棒 10 的旁邊，同時，滑動數字 1 遮住 10 的 0。

接著，我們將木棒 1 和數字 1 從框架中拿走，把木棒 2 放在木棒 10 的旁邊，然後將數字 2 放在框架中 0 的上面，以此類推，直到數字 9。

最後，為了做進一步的練習，我們需要用兩根木棒 10 來組成 20 這個數字。

孩子們在做這些練習時，表現出了極大的熱情，這些練習能讓他們做這兩種活動，並使他們在活動過程中保持頭腦清晰。

在寫作和算術方面，我們累積了豐富的教育成果，這不僅可以有效地幫助孩子們協調他們的肢體，同時還能讓他們獲得對這個世界的初步認識。這正是一個人首次努力地讓自己與世界產生智慧交流所獲得的自然結果。

如果不透過書寫語言和數字進行強化訓練，孩子們早期獲得的這些知識很容易就會被忘掉。而一旦這些孩子學會書寫和數字組合，那麼這些經歷將會為他們未來接受的教育提供無限的可能和廣闊的前景。

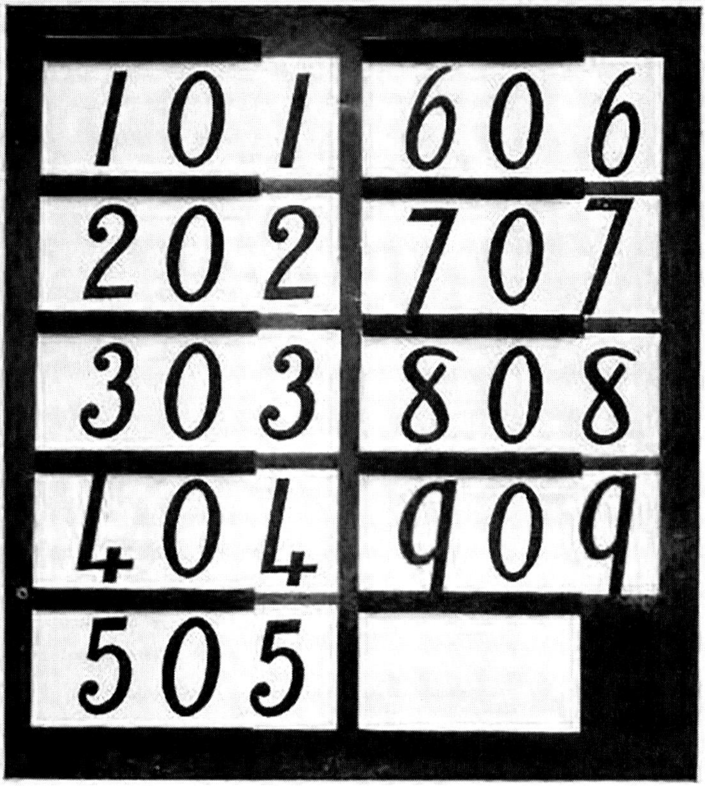

圖44　算術框架

因此我們要做的就是帶領孩子們進入一個更高水準（文化水準）的領域，即讓孩子們進入學校學習。但這裡所說的學校並不是我們現今所見的對孩子們進行硬性教育的學校。在那些學校裡，老師不理智地想將文化知識傳遞給那些還沒

第十章　算術

有做好準備，也沒有做好訓練去接受這些學習內容的孩子。

為了保護孩子們的頭腦健康，我們可以訓練孩子們的頭腦，但是不會讓他們對日常的練習產生厭倦。我們的孩子需要一種新型的學校，孩子們在那裡可以更好地獲取文化知識。

我針對更大年齡階段的孩子進行過一些實驗，且對他們使用的教學方法是現在這種教學方法的延續，這些方法可以說已經非常先進了。

第十一章　道德因素的培養

第十一章　道德因素的培養

在這本書裡,我對「兒童之家」的教育方法進行了簡要的論述,這雖然會讓讀者留下一個合理又可信的印象,但是我的教育方法的重點並不在於展示機構本身,而是這套教育方法在孩子們身上產生的效果。

孩子們透過自己真實的表現,證明了我所採用的教育方法的價值,同時,這些孩子真實的表現也展現出人類內在發展的法則。

心理學家在觀察「兒童之家」時會有很多重大的發現,因為這裡就像一個實驗室,迄今為止很多被隱藏的真相已在這裡不斷地被發現。在心理學研究的基本因素中,特別是關於心理的產生、思想的起源和發展的研究,都必須基於規範的環境條件,即保證孩子們思想的自由發展。

正如我們前面提到的,只要孩子們的行為不會影響別人,不會引起別人的不滿,我們就會讓孩子們自由地發揮。也就是說,我們只是消除混亂的「壞」因素,但是會允許有序的「好」因素的存在。在這種情況下,我們會給予孩子們最大限度的自由。

我們獲得的成果是令人驚喜的,孩子們表現出了對工作極大的熱愛,雖然他們並沒有意識到,但是他們在活動中的確表現得沉穩有序,甚至會讓人覺得他們的行為很優雅。

在課堂上，我們可以看到孩子們自發的紀律性和服從的態度，這正是我們的教育方法最顯著的特點。

古代的哲學家經常討論人性的善與惡。這一討論話題與我們的教育方法有一定的關聯。很多支持我的教育方法的人，也都是基於相信人天性善良的理論。

當然，還有很多人站在相反的一邊，他們認為給孩子們自由、讓他們自由發展是錯誤的。這是因為他們認為孩子們的天性裡有邪惡的因子，讓他們自由發展會很危險。

對於這個問題，我的考慮角度會更積極一些。

「善」與「惡」這兩個字被我們賦予了太多的內容，我們很容易將它們混淆，尤其是在和小孩子互動的時候。

對於3～6歲的孩子，那些被我們稱為「惡」的某種傾向，其實常常是指孩子們帶給我們的讓我們感覺煩惱的東西。當我們不了解孩子們的需求時，我們總是會試圖阻止他們的每一個動作、每一次嘗試，阻止他們在這個世界上親自獲得體驗的每一次努力（比如孩子喜歡用手摸東西的行為）。

實際上，孩子們的這些自然的傾向和行為會引導他們不斷地協調自己的肢體動作，獲得對事物的印象，特別是觸覺感官上的印象。所以，當他們的這種傾向被阻止的時候，他們會為此進行反抗，而這種反抗在成年人看來就是頑皮。

第十一章　道德因素的培養

　　令我們驚訝的是，如果我們可以給予孩子們充分的自由和正當的途徑去發展，那麼隨著年齡的增長，孩子們身上的那些「惡」會自然而然地消失，孩子們再也不會出現反抗行為，因為他們沒有了反抗的理由。

　　此外，如果父母和老師經常帶著愉悅的態度而不是憤怒的態度和孩子們相處，那麼孩子們的精神面貌將會改善、道德素養將會提高，他們會變得鎮定和親切，這會讓孩子們看起來與之前判若兩人。

　　事實上，是我們激起了孩子們暴力的一面，讓孩子們不斷地為生存而戰，不斷地表現出「惡」的一面。他們為了滿足自身心理發展的需求，常常不得不從我們這裡搶奪一些在他們看來很有用的生存必需品。他們不得不違背我們的法則，或者有的時候還需要跟其他小朋友進行爭奪，來滿足他們內心的渴望。

　　反過來，如果我們可以給予孩子們生存所必需的一切，那麼孩子們在這方面的抗爭會自然而然地消失，取而代之的會是孩子們朝氣蓬勃地成長。

　　這個問題也涉及很多知識，如大腦處於快速發育的艱難階段與神經系統相關的一些原理。同時，這個問題應該會引起那些專攻兒童疾病和精神疾病的專家的注意。

人類的精神生活和智力的開端要遵循特定的法則和關鍵的必需品，我們的目標如果是培養一個健康的孩子，那麼就不能忽視這些會為孩子們帶來重大影響的法則和必需品。

因此，培養和保護孩子們的內在特質和精神健康，不只與學校和老師相關，還與每一個家庭息息相關，特別是需要引起媽媽們的重視。

如果想要得到一個更確切的答案，那麼我們就需要更深入地對問題進行探討。舉個例子，如果我們在街上看到人們為了爭奪一片麵包而打起來，我們會說：「這些人可真壞啊！」但如果我們走進一家舒適溫暖的餐廳，看到人們安靜地找位置，關係融洽，悠閒地選擇他們的餐食，我們會說：「看，這些人多好！」

顯然，關於絕對的善與惡，我們的第一反應或者直覺往往會把我們帶入歧途，總是讓我們得出一些膚淺的結論，而善與惡絕不僅僅局限於上面的這些例子。例如，我們可以為所有人提供一個環境優雅的餐廳就餐，避免因為環境而影響他們的道德問題。

也許有人會講，從表面上來判斷，一個吃得好的人看起來會更好，因為他們更安靜，犯罪更少。相比之下，一個人如果營養不良，那麼可能就會表現出很多相反的特質。但

第十一章　道德因素的培養

是，我們不能夠根據上述說法得出結論：要想讓人們成為好人，只需要讓他們吃得飽、吃得好。這顯然是一個謬論。

我們不能否認，從某種意義上講，食物可以消除由於食物短缺而帶來的所有惡行和痛苦。

但現在，我們要談論的是一種更深層次的需求——人類在精神世界的需求，以及它更高等的功能。或者說我們探討的是人類精神上的食糧，我們正在進入一個更深入的話題——人類精神需求的滿足。

我們已經獲得了令人振奮的成果，那就是我們找到了如何讓孩子們變得更平靜、更善良的新方法和新途徑。我們之所以能獲得這些成果，是因為實踐讓我們獲取了這些方法和途徑。我們已經發現的這些方法和途徑是我們獲得這些成果的基礎，我們將其分為兩大類：有序的工作與自由。

只有對工作進行完美的組織，才能使孩子們的自由發展成為可能，才能為孩子們提供能量釋放的出口，才能讓每個孩子獲得滿足感。只有在這種前提下，孩子們才能自由地完成工作或者活動，才能保持良好的自制力——一種在孩子們身上發展出來的鎮靜從容的新特質。

如果工作缺乏有序性，那麼自由便毫無用處了。只給孩子們自由，但是沒有有意義的工作，那麼自由只會被白白浪

費。就好像新生的嬰兒，如果只是讓他們自由地生長，而不給予他們恰當的營養，那麼他們就一定會死於飢餓。

因此，有序的工作對培養孩子們善良的品性發揮了至關重要的作用。但是，如果只給孩子們有序的工作，而不給予孩子們自由，這樣也是徒勞無功的。

沒有自由，孩子們就不能充分地釋放自己的能量，而這種能量本身源自孩子們進行活動時產生的滿足感。

這種類似的現象不只一次發生在人類的歷史上。就如同人類文明的歷史一樣──一面進行有序的工作，一面嘗試獲得自由。整體來說，人類的「善」在這個過程中得以增長，人類也從蠻夷粗野變得文明進步。可以說，這就是最有力的證明。或者說，不同形式的犯罪，包括壓迫和暴力，都在人類文明進步的過程中不斷地減少了。

現代社會中的犯罪行為，可以看作人類文明當中掙扎著獲取生存的一種野蠻行為。一個社會只有透過更有序的工作組織，才能夠獲得更深層次的淨化，這樣在不知不覺中，有序的工作與自由之間的最後障礙就會漸漸地消失。

如果說這些內容是我們從社會的發展中學到的，那麼，如果孩子從 3～6 歲開始，我們就給予他們有序的工作，並且給予他們充分的自由，這將產生多麼棒的結果！正是因為

第十一章　道德因素的培養

這樣,孩子們看起來非常善良,就像深夜過後的黎明,為人們帶來希望和期待。

雖然人類難免經歷痛苦,也並非總是事事如意,人類總是在工作和爭取自由的道路上曲折前行,但是依然在不斷地進步,那麼我們為什麼要擔心同樣的一條路對我們的孩子們來說就會是一場災難呢?

但是,從另一個方面來說,我們並不是說給予孩子們自由,培養他們善良的品格,就會解決人類絕對的善與惡或者說人類的邪惡問題。只能說,我們在為促進善行和消除暴力做出自己的貢獻和努力。因此,我們能做的就是努力地培養孩子們美好的品格,做自己本分的事。

國家圖書館出版品預行編目資料

蒙特梭利兒童教育手冊：自由×寫作×算術×道德，感官啟蒙與語言學習，蒙氏教具的全面應用 /[義]瑪麗亞・蒙特梭利（Maria Montessori）著，榮文婷 譯. -- 第一版. -- 臺北市：樂律文化事業有限公司,2024.10
面；   公分
POD 版
ISBN 978-626-7552-41-4(平裝)
1.CST: 親職教育 2.CST: 兒童教育 3.CST: 蒙特梭利教學法
528.2   113014635

蒙特梭利兒童教育手冊：自由×寫作×算術×道德，感官啟蒙與語言學習，蒙氏教具的全面應用

作　　者：[義]瑪麗亞・蒙特梭利（Maria Montessori）
翻　　譯：榮文婷
責任編輯：高惠娟
發 行 人：黃振庭
出 版 者：樂律文化事業有限公司
發 行 者：崧博出版事業有限公司
E - m a i l：sonbookservice@gmail.com
粉 絲 頁：https://www.facebook.com/sonbookss/
網　　址：https://sonbook.net/
地　　址：台北市中正區重慶南路一段 61 號 8 樓
8F., No.61, Sec. 1, Chongqing S. Rd., Zhongzheng Dist., Taipei City 700, Taiwan
電　　話：(02) 2370-3310　　傳　　真：(02) 2388-1990
律師顧問：廣華律師事務所 張珮琦律師
定　　價：299 元
發行日期：2024 年 10 月第一版
◎本書以 POD 印製
Design Assets from Freepik.com